职业发展与就业创新研究

贺继伟◎著

中国商务出版社
·北京·

职业发展与就业创新研究 / 贺继伟著 . 北京：
中国商务出版社，2024.11. --ISBN 978-7-5103-5494
-6

Ⅰ. C913.2

中国国家版本馆 CIP 数据核字第 20247Q2B82 号

职业发展与就业创新研究

ZHIYE FAZHAN YU JIUYE CHUAGNXIN YANJIU

贺继伟　著

出　　　版：中国商务出版社有限公司
地　　　址：北京市东城区安外东后巷 28 号　　邮　　编：100710
网　　　址：http://www.cctpress.com
联系电话：010－64515150（发行部）　　　010－64212247（总编室）
　　　　　　010－64515164（事业部）　　　010－64248236（印制部）
责任编辑：丁海春
排　　　版：北京天逸合文化有限公司
印　　　刷：宝蕾元仁浩（天津）印刷有限公司
开　　　本：787 毫米×1092 毫米　1/16
印　　　张：10　　　　　　　　　　字　　数：225 千字
版　　　次：2024 年 11 月第 1 版　　　印　　次：2024 年 11 月第 1 次印刷
书　　　号：ISBN 978-7-5103-5494-6
定　　　价：79.00 元

前言

    指导大学生进行职业规划帮助他们提前规划自己的职业生涯，掌握就业的知识和技巧，提升就业能力，是高等教育工作中的重要任务。职业生涯规划无法做到精确无误，也无法准确地预测未来会发生什么，但它是一种用来思考和引导的工具——思考为了实现未来的发展目标现在该做些什么，引导自身今后一段时期的努力方向。大学生尽早进行职业生涯规划，规划好大学阶段的学业和生活，合理地安排大学时间，避免学习的盲目性和被动性，并确定职业发展方向和实施策略，这能有效地提升他们的就业竞争力，使其在大学期间和以后的人生道路上少走弯路。这对大学生的人生发展至关重要。

    本书全面探讨了职业发展的基础与就业创新的策略。从职业的分类与发展出发，深入解析了职业理想与选择的内在联系，强调了自我认知在职业定位中的重要性。书中系统阐述了职业生涯规划的基本理论与制定方法，指导读者如何撰写有效的职业生涯规划书。在就业方面，提供了就业信息收集、简历制作及面试技巧的实用指导。同时，本书着重于创新创业能力的培养，揭示了创新思维与创业能力在职业发展中的核心作用，并探讨了创新型人才的培养策略。最后，书中详细介绍了创业实践的关键环节，包括商业模式设计、创业计划书撰写、市场选择与企业创办。整体而言，本书旨在推动就业市场的创新与进步，助力个人在不断变化的职业环境中实现自我价值与职业发展。

    本书在撰写过程中，参考了许多专家、学者的著作及研究成果，借鉴了部分网站的相关资料和案例，在此表示感谢。由于时间紧迫和作者水平有限，书中难免存在疏漏和不妥之处，真诚希望广大读者提出宝贵意见，以便更好地修订和完善。

作 者

2024 年 5 月

目 录

第一章

职业发展基础

第一节　职业的分类与发展

一、职业的概念与特点

（一）职业的含义

职业是人们为了谋生和发展而从事的相对稳定的社会劳动，这种劳动不仅为人们提供了合法的经济收入，还综合体现了从业者的生活方式、经济条件、教育背景、行为习惯和道德观念。同时，职业还反映了从业者所享有的权利、需承担的义务以及应履行的职责。

职业是社会分工的必然结果，每一种职业都是社会分工的具体体现，与人类的需求和社会结构紧密相关。职业不仅是人们谋生的手段，可以帮助个人和家庭满足基本生存需要，还能满足个人的精神需求。为了胜任特定的工作任务，每种职业都要求具备专门的知识、技能和职业道德品质。例如，从事数控机床加工的专业人士需要掌握机械制图、机械原理等专业知识，并具备数控编程与机床操作的专业技能，同时还需具备严谨细致、精益求精的工作态度。随着科技的不断发展，职业的专业性和技术性要求也在不断提升。人们通过从事各种职业为社会创造价值，并从中获得合法的收入，同时也扮演着相应的社会角色，承担着相应的社会责任和义务。

（二）职业的特点

职业作为个人与社会联系的纽带以及个人参与社会分工与协作的立足点，具有以下特点。

1. 社会性

每种职业都是劳动者从事的、为社会所需的社会生产活动。职业的本质是劳动，无论是农民耕作、工人生产、科学家实验、医生诊治疾病还是教师传授知识，这些都是不同的职业形式。

2. 专业性

每种职业都有其特定的专业要求与特点。职业工作依赖于专门的知识和技能，不同的职业具有不同的特点和要求。随着职业的发展，它们逐渐形成了各自的专业性特征。

3．连续性

职业要求劳动者从事某种社会工作具有相对稳定性。社会分工是客观存在的，也是社会发展的基础。随着社会的进步，社会分工日益细化，这种分工要求劳动者保持稳定，以便积累经验并丰富职业领域的知识，推动职业的持续发展。

4．经济性

劳动者从事职业是有偿的，即通过工作获得经济收入。在从事职业的过程中，劳动者一方面为社会创造了财富，另一方面也获得了相应的劳动报酬。

5．时代性

职业随时代变迁而发生变化。社会生产力的发展是职业发展的基础，社会需求是职业发展的直接驱动力。随着社会生产力的快速发展和社会需求的增长，新的职业不断涌现；当社会不再需要某些职业时，它们就会逐渐消失。

二、职业的分类

社会分工是职业分类的基础。在社会分工体系的各个环节中，劳动对象、劳动工具以及劳动方式都具有各自的独特性，这些独特性构成了不同职业之间的差异。依据国际标准职业分类体系，现代社会的职业种类繁多，数量超过一万种。这些职业岗位是在社会分工和劳动分工的基础上划分出来的。社会分工主要是指因生产发展需要而产生的国民经济各部门之间的分工以及各部门内部的细分。而劳动分工则是指在对生产过程进行科学分解的基础上，实现的劳动专业化，它使得众多劳动者能够从事着既相互区别又相互联系的不同工作。

（一）职业分类的形象描述

（1）曙光职业。如心理咨询师、职业生涯辅导师等。

（2）朝阳职业。如人力资源经理、市场营销经理等。

（3）如日中天的职业。如IT界的编程人员等。

（4）夕阳职业。如公交车售票员等。

（5）黄昏职业。如送煤工、掏粪工等。

（6）流星职业。如传呼台的客服，曾经有很多人做这项工作，但这个职业现在基本上不存在了。

（7）恒星职业。即自从人类有文明记载以来，几乎一直存在的职业。

（8）昨夜星辰职业。即现在已经没有了的职业。

职业技术院校学生在选择职业时，应尽量选择朝阳职业或如日中天的职业。如果选择了一个曙光职业，则需要更大的勇气，因为可能会成为这一职业的开拓者。而对于那些黄昏职业、夕阳职业则尽量避免选择。

（二）我国的职业分类

中国的职业分类体系旨在规范劳动力市场、促进就业以及鼓励职业培训。该体系通过一定的逻辑结构，将社会中的各种职业分为多个类别，便于管理和研究。当前的职业分类依据《中华人民共和国职业分类大典（2022年版）》，该文件将职业划分为以下八大类：

（1）党的机关、国家机关、群众团队和社会组织、企事业单位负责人。

（2）专业技术人员：包括医生、教师、工程师、律师、会计等从事特定专业领域的人员。

（3）办事人员和有关人员：包括行政办事及其辅助人员、安全和消防及辅助人员等。

（4）社会生产服务和生活服务人员：包括零售、餐饮、住宿、物流、家政和物业等服务领域的工作人员。

（5）农、林、牧、渔业生产及辅助人员：从事农业、林业、牧业、渔业生产及其辅助工作的人员。

（6）生产制造及有关人员：包括农副产品加工人员、机械制造基础加工人员、汽车制造人员、建筑施工人员、生产辅助人员等。

（7）军队人员：包括军官（警官）、军士（警士）、义务兵、文职人员等。

（8）不便分类的其他从业人员：包括不便分类的其他从业人员。

职业分类体系的层次结构由大类、中类、小类及细类构成，形成了一个系统化且全面的分类框架。此分类方法不仅有助于劳动者明确自身职业定位，还为教育部门制定相关职业教育课程提供了依据，同时也为政府制定就业政策提供了数据支持。随着社会经济的发展和科技进步，新的职业不断涌现。为适应这些变化，国家会定期修订和完善了职业分类体系。例如，互联网行业的发展催生了"互联网营销师"和"电子竞技员"等新兴职业，这些职业已被纳入现有的职业分类体系中。

职业的形成和发展与生产力的提升密切相关，社会分工的细化是职业划分的基础。职业不是静态的，而是在社会分工和生产力水平提高的过程中不断演变和发展。社会生产力的发展推动了分工的进一步细化，从而促进了职业的变化和发展。同时，社会经济的变迁对职业的兴衰具有直接的影响。社会的政治制度、文化背景以及经济发展等因素都会对职业结构产生深远的影响。

三、职业的发展

（一）职业的发展趋势

随着科学技术的快速发展和经济的持续增长，社会分工日益精细，专业化程度不断提升，新的职业种类迅速增加，社会分工和职业分化的趋势进一步加速，呈现出如下几种显著趋势。

1. 社会分工加快，新职业不断出现

在农业社会，社会分工的进程相对缓慢，新职业的出现往往需要较长的时间。因此，农业社会中的职业种类相对较少，且一旦形成便能在较长时间内保持稳定。进入工业社会后，随着生产力的快速提升，社会分工的速度加快，新职业类型逐渐增多。现如今，社会分工的速度进一步加快，新的职业不断涌现。这一变化还得益于现代科学技术的进步、经济的发展、边缘科学的突破、社会服务模式的转变，以及社会政治和管理体制的改革等多重因素的共同推动。

2. 第三产业不断发展

随着改革开放的不断深入，我国的第一、二产业经历了蓬勃的发展，这不仅使这些产业的内外部环境发生了改变，也促进了第三产业的兴起。第三产业与第一、二产业之间存在着相互作用的关系，人们日益认识到第三产业对于其他产业的促进作用。因此，加强第三产业的发展已成为我国产业结构调整的重要一环。第三产业的发展为社会创造了更多的就业机会。

服务性行业是一个随着经济发展而不断壮大的领域，经济越发达，服务性行业就越繁荣。随着全球经济的快速发展，服务性行业也将迎来了更广阔的发展空间。值得注意的是，服务性行业往往属于劳动密集型行业，其发展壮大有助于吸纳更多农村劳动力就业，从而对缓解农村地区的就业压力产生积极影响。

3. 体力劳动脑力化及专门职业化的趋势

（1）体力劳动脑力化。随着工业自动化和数字化技术的不断提升，许多传统的体力劳动岗位正在逐渐减少对纯粹的体力的依赖。例如，在制造业领域，机器人和自动化生产线的广泛应用已经取代了大量原本需要人工操作的工作。这一变化不仅减少了工人的体力负担，同时也要求他们掌握更多的技术知识和操作技能来维护和管理这些设备。因此，即便是传统的体力劳动岗位，如今也越来越多地需要员工具备一定的技术能力和解决问题的能力，体力劳动脑力化的趋势日益显著。

（2）专门职业化。专门职业化是指随着社会分工的细化和技术的进步，越来越多的专业职位被创造出来，这些职位通常需要从业者具备特定的知识背景和技术专长。例如，随着信息技术的发展，网络安全专家、数据分析员、用户体验设计师等新兴职业应运而生。这些职业不仅要求从业者具有深厚的专业知识，还需要他们具备持续学习和适应新技术的能力。

总而言之，随着技术的发展和社会的进步，未来的劳动力市场将会更加注重专业技能和知识。无论是对于体力劳动者还是脑力劳动者来说，都需要不断提升自身的技术能力和专业素养，以适应不断变化的职业环境。

4. 同一职业或职位对任职者的要求不断变化

（1）对任职者的要求不断变化。随着社会主义市场经济的建立和完善，社会对未来人才的知识结构提出了更高的要求。求职者不仅需要成为具有专业知识和技能的专门化人才，还需要突破专业限制，成为掌握多种知识和技能的高素质复合型人才。此外，良好的个人修养和道德品质也成为衡量人才的重要标准，如责任感、团队合作能力等。这一趋势促使个人不仅要在专业领域内深耕细作，还要具备跨学科的知识背景，并展现出对社会和单位的责任感。

（2）创新与技术熟练度的重要性。为了保持竞争力并占有市场，企业必须不断创新和改进产品与服务质量。在"时间就是效益、创造就是价值"的时代背景下，企业更倾向于招聘那些灵活多变、有创意、能够解决新问题并为企业创造有价值的人才。21世纪的劳动力市场已不再满足于吸纳仅掌握传统生产线技能的工人，而是渴求那些既具备专业技能，又拥有创造力、创新思维，并掌握最新信息技术（如云计算、大数据分析等）的技术人员。这意味着个人需要不断提升自己的技术能力和专业知识，以适应不断变化的职业环境。

（3）应对未来职业变革的趋势。成功开拓未来的职业生涯，要求个人具备全球化和信息化的职业观念。全球化趋势意味着个人需要了解不同的文化背景和国际商业实践，以便在全球范围内寻找机遇并解决问题。信息化趋势则要求个人掌握最新的信息和通信技术，以提高工作效率并开拓新的职业路径。因此，职业院校的学生应树立全球化、信息化的职业观念，拓宽自己的工作视野，积极学习新技术和新技能，培养创新的意识和终身学习的态度，以从容应对21世纪职业市场的快速变化。

（二）职业发展对职业院校学生择业的影响

1. 新职业种类的涌现与择业范围的扩大

随着技术的进步和市场需求的变化，新的职业种类不断涌现，为职业院校的学生提供了更加多元化的就业机会。特别是随着信息技术、生物技术、新能源技术等新兴领域的蓬勃发展，这些领域不仅需要传统的技术工人，更需要具备一定理论知识和技术技能的专门职业人才。因此，职业院校的学生在选择职业时，应当打破传统思维的局限，积极探索新兴领域的机会，同时也要审慎评估自己的专业背景是否能够契合这些新兴职业的需求。

2. 职业资格证书的重要性

随着职业的发展和技术的进步，许多职业对从业者的技能和知识水平提出了更高的要求。为了确保从业者具备相应的专业能力，许多国家和地区纷纷推行职业资格认证制度。这意味着，除了学历文凭之外，职业资格证书已成为衡量一个人是否能够胜任某一职业的重要标准之一。对于职业院校的学生而言，这意味着他们必须重视实践技能的培养，并努力通过相关的资格认证考试，以获得相应的职业资格证书。这不仅有助于提升他们的个人竞争力，也为他们未来的职业发展奠定了坚实的基础。

3. 劳动力市场的流动性与终身学习的重要性

职业的发展和国家劳动人事制度的改革为人才的合理流动提供了极大的便利。这意味着职业院校的学生毕业后所从事的第一份职业可能并非其终身职业。随着个人兴趣的转变、市场需求的变化以及技术的不断更新，可能会出现二次甚至多次择业的情况。因此，职业院校的学生在规划职业生涯时应该具备长远的眼光，认识到终身学习的重要性，并随时准备调整自己的职业路径。这包括不断地学习新技术、新知识，以及提升自身的综合素质，以适应不断变化的职业环境。

第二节 职业理想和职业选择

一、职业理想

职业理想是人们基于社会需求和个人条件，通过想象所确立的职业奋斗目标，即个人渴望达到的职业境界。它不仅反映了个人的价值观、职业期待和职业目标，还与个人的人生观和世界观紧密相连。职业理想作为实现个人生活理想、道德理想和社会理想的手段，受到社会理想的制约，是人们对职业活动和职业成就的一种超前反映。在职业规划的过程中，明确的职业理想能够为个人提供方向和动力，帮助他们在职业生涯中做出有意义的选择，并追求更高层次的成就。

（一）职业理想的差异性

职业理想的差异性体现了个人在选择职业时的多样性和个性化特点。一个人所选择的职业，与其思想品德、知识结构、能力水平、兴趣爱好等多种因素密切相关。其中，政治思想觉悟、道德修养水准以及人生观对一个人的职业理想方向起着决定性作用；知识结构和能力水平则决定了职业理想追求的层次；此外，个人的兴趣爱好、气质性格等非智力因素，以及性别特征、身体状况等生理特征，也会对一个人的职业选择产生影响。这些因素相互交织、共同作用，形成了每个人独特的职业理想和职业路径选择。

（二）职业理想的发展性

一个人的职业理想会随着年龄的增长、社会经验的积累和知识水平的提升而发生变化。这种变化通常表现为从最初对职业的朦胧憧憬逐渐转变为更为清晰和理智的职业目标。例如，一个人孩童时期可能梦想成为一名警察，但随着成长过程中对自我兴趣和能力的认识加深，最终可能选择成为一名教师。这种转变体现了职业理想的发展性和适应性，反映了个人在不同生命阶段对职业的不同认知和期望。

（三）职业理想的时代性

社会的分工和职业的变化是影响个人职业理想的重要因素。随着生产力的发展和社会实践的深入，人们的职业追求目标也随之发生变化。职业理想是在一定的生产方式及其所形成的职业地位和职业声望的基础上，在个人头脑中形成的反映。例如，计算机技术的诞生催生了一系列与之相关的职业，如计算机工程师、软件工程师和计算机操作员等。这些职业不仅要求从业者具备较高的理论知识素养，还需要具备强大的实践操作能力，属于高技能人才中的知识技能型人才。这种现象展示了技术进步如何塑造新的职业领域，并对从业人员提出新的要求。

（四）职业理想的导向作用

理想是人生的指南针，为我们的前进指明了方向。人生发展的目标往往通过职业理想来确立，并最终通过实现这一理想来达成。在学习和生活中，我们深刻体会到，一旦学习目的不明确，学习的动力和效果都会大打折扣。因此，拥有一个明确且切实可行的职业理想，并为之不懈努力，对为实现人生发展目标奠定坚实的基础十分重要。

（五）职业理想的调节作用

职业理想不仅为我们提供了一个职业活动的参照系，还能够在我们偏离理想目标时起到纠正的作用。尤其在面对挑战和困难时，如果没有坚定的职业理想作为支撑，人们很容易感到沮丧和失去斗志。然而，仅仅追求一份"好工作"而不考虑长远的职业发展和个人成长，并不能构成崇高的职业理想。一旦这样的短期目标达成，个人可能会因缺乏继续前进的动力，陷入停滞不前的状态。因此，无论是在顺境还是逆境中，只有树立正确的职业理想，才能激励我们奋发向前，不断追求更高的成就。

（六）职业理想的激励作用

职业理想源于现实又高于现实，它比现实更美好。为了将这份美好的憧憬变为现实，人们会以坚韧不拔的毅力、顽强拼搏的精神和开拓创新的行动为之不懈奋斗。周恩来总理在 12 岁时就立下了"为中华之崛起而读书"的誓言，这展现了他从小立志振兴中华的伟大志向。作为学生，我们也应该学习周总理的精神，从小树立一个崇高的人生目标，并为此坚持不懈地努力奋斗，为人民、为国家作出贡献，让自己的人生充满意义。

二、职业选择

（一）择业与择业观

择业是指个体基于自身的职业理想与能力，从社会众多职业中挑选出一种作为自己终身从事的事业的过程。在这个过程中，择业者不仅需要考量个人的需求、兴趣与能力，还应当考虑社会发展的需求及趋势。择业观则体现了择业者对于职业选择的认识、评价、态度、方法及其心理倾向，它是择业者的职业理想和社会价值观的直接体现。在选择职业时，择业者通常会综合考虑诸如社会对该职业的需求程度、职业的地位、经济收入水平、工作地点的地理环境、单位性质以及工作条件等多种因素。由于人们的行动受到思想观念的直接影响和引导，因此择业者的择业行为主要由其择业观所决定。每位面临职业选择的个体都有其独特的择业观，正如世上没有两片完全相同的叶子一样，每个人的职业观念也各不相同。

（二）职业院校学生的择业观

学生的择业观涵盖了择业理想目标、择业心理动机、择业认识状况、择业价值取向以及择业实现途径等多个方面。其中，择业心理动机构成了择业观的核心和基础，其他方面均受其影响和制约。不同的择业动机会导致学生形成各异的择业理想目标，进而影响他们的择业认知。这些认知差异又反过来塑造了学生对于选择职业这一劳动就业方式的不同评价，最终引导他们走向各具特色的择业道路。择业观是一个以择业动机为核心，并与其他要素相互作用、相互影响的有机整体，共同指导着学生的择业行为。

（三）树立正确的择业观

随着人事制度的改革和人才供求关系的变化，就业已经成为一个备受关注的社会性问题。学生的就业工作是一项系统工程，关系到和谐社会的构建和经济社会的健康发展。每个学生都面临着就业的现实，而就业形势又复杂多变。因此，树立正确的择业观对于拓宽就业领域、实现自我价值、促进社会发展具有重要意义。正确的择业观应该是系统、积极、快乐、高尚和有效的，应摒弃传统的"一职定终身"的观念，拥抱自主创业和终身学习的态度，树立爱岗敬业和可持续发展的择业观。

面对就业难题，学生中存在的错误择业思潮或不良择业观包括择业心理准备不足、过分依赖家庭、过分追求工作的稳定性、眼高手低、过分看重专业对口、择业片面、不能正确评估自我、期望值过高、盲目择业、缺乏长远职业规划以及诚信意识缺失等。这些问题不仅阻碍了学生的就业，也浪费了学生宝贵的青春年华。

为了树立正确的择业观，学生应采取以下措施。

（1）充分了解当前的就业形势：既要追求个人职业理想，也要符合社会的实际需求，了解就业形势是实现理想就业的前提。

（2）找准自己的社会定位：在择业前正确评估自己的身体条件、兴趣、气质、个性及能力，找准自己的社会位置，避免过高地估计自己或妄自菲薄。

（3）转变就业观念：重视中小企业的就业机会，促进人才资源的合理配置，推动社会全面发展。

（4）树立先就业后择业的观念：接受职业变更的可能性，学会在流动中求生存、求发展，不必急于寻找固定的"铁饭碗"。

（5）树立自主创业和终身学习的观念：利用自身的优势和知识，选择合适的自主创业途径，实现人生价值。

（6）提高综合素质：注重诚信和职业道德的培养，不仅要注重能力培养，还要树立正确的思想观念，全面提升综合素质。

（四）职业选择策略

我国目前采用的是"双向选择"的就业模式，即个人和用人单位可以相互选择。这一模式要求求职者在择业时树立正确的就业观念。首先，应树立"主动寻求市场"的观念。就业需要通过竞争获得，岗位的获取依赖于个人技能。因此，积极投身于劳动力市场的竞争是实现就业的必经之路。其次，要树立"生存优先，兼顾发展"的观念。不应将"舒适且高薪"视为就业的唯一标准，而应先找到适合的岗位，融入社会，再逐步追求个人的发展。

在择业过程中，应全面筛选和利用职业信息。对于收集到的职业信息，求职者需结合自身实际情况进行筛选和处理，以确保信息的全面性、准确性和有效性，进而更好地服务于自己的择业目标。具体而言，首先，应利用有价值的信息寻找合适的工作机会；其次，借助筛选出的信息识别自身的不足之处。最后，为他人提供有效的职业信息。

择业时要综合考虑各种影响因素。职业选择应基于以下四个方面：①根据所学专业的特点进行选择；②考虑个人的学历层次；③参考个人的学业成绩和综合表现；④评估地域环境的特点，例如，大城市虽然机会多，但竞争激烈；中小城市或艰苦地区可能需要开拓者，那里的奋斗可能带来更大的成就。此外，民族风俗和生活习惯的差异也可能影响职业选择。

在择业时要做好面对挫折的准备。在竞争激烈的劳动力市场中，成功与失败并存，机遇与挑战同在。因此，应对可能的挫折有充分的心理准备，不要因为暂时的困难而气馁，因为风雨之后终会见彩虹。实践证明，成功最大的障碍不是挫折本身，而是被挫折击败的心态。

三、职业选择的影响因素

毕业生职业选择受到多种因素的影响，这些因素大致可归纳为主体因素和客体因素两大类。

（一）主体因素

主体因素是指个体内部产生的、与自我意识密切关联的影响因素，包括个性、能力、价值取向等，它们通常是影响大学生职业选择的关键因素。

1. 个性

个性中的稳定因素如性格和气质，对学生的职业选择及其职业成功是有持久的影响。美国心理学家约翰·菲利普·霍兰德（John Philip Holland）及其团队提出了一个关于人格与职业类型的理论。他们根据个性特征将职业类型分为以下六种。

（1）现实型。这类个性的人手巧且对劳动有兴趣，倾向于从事机械性工作，喜欢完成具体的任务。一般在农业和机械领域中，这种性格特征较为突出。

（2）调研型。此类型的人如科学家，具备思考深邃和精确的特点，能够耐心处理抽象问题，但对社交活动和领导职务不太感兴趣。

（3）艺术型。包括艺术家和音乐家等，这类个性的人以创造性、非传统和自我表现为特征，通常对单调和重复性的工作不感兴趣。

（4）社会型。如教师和辅导员等职业这类人，这类人偏爱人际互动，外向且乐于助人，不太喜欢严谨的组织结构和机械化操作。

（5）企业型。这类个性的人，如销售人员和管理者，善于利用社交技能影响他人，以实现经济收益。

（6）常规型。包括会议记录员和簿记员等，此类个性的人喜欢从事数据处理和文件管理等工作，不喜欢模糊不清的任务。

以内向型大学生为例，他们通常不倾向于选择需要大量社交活动的职业，如销售员、演讲者、律师或记者等。这些职业可能会让他们感到不适应，从而影响职业成功。相对而言，图书管理员、理论研究员和计算机操作员等职业对他们更具吸引力，因为这些职业通常要求较少的社交活动，并需要细致和耐心的工作环境。

兴趣也是职业选择中的重要因素。学生在职业中取得成功的关键之一是对所从事的职业感兴趣。兴趣不仅能驱动他们不断进步，还能帮助他们克服困难。尽管兴趣可能会变化，但一旦确立，可以为职业选择提供强大的内在动力，为成功奠定基础。

2. 能力

能力是指完成特定任务所需的技能和心理特征，它涉及如何具体执行任务，并与知识相辅相成。任何职业的胜任都离不开能力和知识的有效结合。能力属于动态系统，侧重于个人在不同情境下的实际表现；而知识则属于经验系统，是掌握和运用能力的基础。有效地掌握知识需要具备一定的能力，而知识的积累也会促进能力的提升。

学生通过进入大学证明了他们具备一些基本能力，例如，观察能力、反应能力和抽象思维能力。与此同时，经过多年的基础教育和专业学习，学生还发展出了特定的能力，如写作能力和数学能力等。这些能力无论是基础还是专业的，都在职业选择中起到指导作用。在选择专业时，能力因素作为一个重要的参考标准发挥着作用。例如，写作能力较弱的人通常不会选择新闻或文学类专业，而语言能力不足的人则不适合从事英语教育或语言学等专业。在职业选择过程中，能力因素则有助于个人定位适合自己的工作岗位。如果一个学生不擅长文字工作，他可能不会考虑文职类职位；而那些具备理论研究能力并获得一定成绩的学生，则更可能选择在相关领域继续深造，以充分发挥其能力。

如今，学生在职业选择时，普遍会考虑自身能力。尽管有时会出现对自身能力的误判，但他们通常仍将能力作为重要的考量因素。能力较低学生可能会选择对能力要求较低的职业，而能力较高学生可能会选择对能力要求较高的工作，这种情况可能会导致职业不适应或人才资源的浪费。因此，除非选择者对自身能力有足够的自信，或职业本身具有强大吸引力，否则最好在能力范围内寻找适合的职业，以提高职业成功的可能性。

3. 价值取向

价值取向是一个人意识系统的核心组成部分，从在根本上制约着主体因素的其他各个方面。它是隐藏极深的稳定因素，不易被观察和感觉到，但这并不妨碍它成为影响学生职业定向与选择的根本性因素。

价值取向是价值观的具体体现与定向化表现。价值观体现了一个人对各种事物的普遍态度和看法，而这些态度一旦趋向明确并表现出稳定的情感倾向时，就会转化为具体的价值取向。随着时间的推移，学生的价值观逐渐稳定，进而形成了稳定的价值取向。在职业领域，这种取向表现为对某些职业的偏好或排斥、对某些工作的向往或回避，学生会选择职业时，可能会出于维持生计、避免生活的空虚，或者实现个人梦想等原因而从事某种工作。一份工作在学生眼中可能具有多重意义，这些意义直接影响其职业选择和职业发展方向。通过排除现实的工作条件，仅仅关注职业追求本身，实际上是在反映学生的价值取向。例如，某些学生对高收入职业的倾向，并非仅仅是对物质利益的追求，而是反映了他们对经济安全的重视。同时，一些学生对精神实现型职业的向往，并不是对物质的完全忽视，而是因为他们的价值观结构中，精神需求和自我实现占据了主导地位。

除了个人价值取向外，大学、职业社会以及和家庭的价值取向也对学生的职业选择产生了重要影响。这些外部价值取向与学生个人的价值观系统相互交织，共同塑造了学生的职业决策过程。

（二）客体因素

客体因素是指职业选择中外部环境因素的总和，也包括职业本身的特性。如果说主体因素起着基础性作用，那么客体因素则发挥着制约与平衡的关键作用。

1. 社会评价

尽管学生身处学术环境之中，但职业社会对不同职业的评价会通过媒体、社会习俗和舆论等多种渠道渗透到他们的职业观中，从而形成学生对职业的社会化认知。社会普遍的职业评价不仅影响学生的职业选择，还在潜移默化中塑造着他们的职业认知。尽管社会常常强调"职业分工不同，无高低贵贱之分"，但在现实中，人们往往仍持有职业高低贵贱的观念，这种观念正是职业的社会评价的体现。职业的社会评价受到社会心理的影响，尤其是在传统观念仍然根深蒂固的社会环境中，这种评价往往带有浓厚的传统和保守色彩，特别是在欠发达地区更为明显。

社会评价对学生的职业选择影响深远且不易察觉，尤其在学生对某些职业了解不够深入时，这种影响更为显著。社会评价的变化会受到观念更新、思想冲击和价值观调整等多重因素的影响，这些变化将不断塑造学生的职业选择倾向。然而，无论如何变化，社会评价对职业选择的影响始终存在，其影响程度则取决于具体的社会环境和个体的认知水平。

2. 经济利益

在当今学生的职业选择中，经济利益扮演着愈发重要的角色。随着商品经济的发展，金钱意识的增强不可避免。这一现象既有其积极的一面，也存在潜在的负面影响。积极之处在于，职业的物质激励是其具有持久吸引力的关键因素之一，没有经济回报的职业难以吸引求职者。然而，若金钱意识过度膨胀，则可能导致职业本质的扭曲，使职业不再是实现自我价值的途径，而仅仅成为获取经济利益的手段。

对于刚刚毕业、尚未踏入职业社会的学生而言，在能力范围内追求经济利益是合理的。然而，如果他们的劳动没有获得合理的经济回报，这可能会促使他们重新评估并调整职业选择，将经济利益作为更重要的考量因素。学生并非超脱现实的圣人，也不是只追求精神满足的人，经济因素在现代学生的职业选择中具有举足轻重的地位。

3. 家庭

家庭在学生职业选择中起着关键作用，深刻地影响着他们的职业决策。职业选择通常始于专业选择，而家长的影响则更多是通过家庭环境的熏陶潜移默化地渗透到学生的意识之中。例如，出身于艺术家庭的学生，因长期受家庭氛围的熏陶，可能会继承父母的职业价值观，从而选择与之相似的职业。然而，当子女的职业目标与家长的期望发生冲突，或子女想摆脱家长的意愿时，矛盾就会出现。家长常将对子女的爱与控制混为一谈，常用"我这样做是为了你好"作为说辞，这样的表述使得家长对自身的控制行为给予了一种合理性和情感支持。

大学毕业后，学生在选择具体职业时，家庭的影响力仍然存在。尽管此时学生的专业知识和职业意识已相对成熟，对家庭的心理依赖程度有所降低，但家庭作为支持力量的作用仍不可忽视。尤其在子女面临职业选择困惑时，父母的建议可能会产生重要影响。一些学生按照自己的意愿选择职业，而另一些则可能进入父母从事或期望他们从事的领域。在这些情况下，子女可能被视为延续父母希望的载体，或家庭意愿的代表，承担着实现父母理想的任务。这种职业选择的结果因人而异，但也存在着潜在的风险，即如果职业结果不理想，子女可能会将其责任归咎于父母。

职业选择对学生的一生有着深远的影响。尽管受到多种因素的影响和干扰，学生在多年的学习后仍需做出初次职业选择。通过实际的职业体验，他们会逐渐发现适合自己特征和能力的职业，并在这一过程中不断调整自己的选择，直至找到理想的职业。在这一过程中，学生的职业意识逐渐变得现实，职业能力与职业要求、职业现实与职业理想之间也逐步达成平衡。

第三节　自我认知和定位

一、自我认知的意义和难度

自我认知是对自身的洞察和理解，包括自我观察和自我评价两个方面。自我观察涉及对感知、思维和意向等内在活动的觉察，而自我评价则是对个人想法、期望、行为及人格特征的判断和评估，这是实现自我调节的关键环节。自我认知体现了主观自我对客观自我的认识与评价，即对自身身心特征的全面理解；在此基础上，自我评价进一步对自身作出具体而明确的判断。掌握有效的自我认知方法对于个人成长至关重要，而了解、接纳和发展职业自我，则是迈向职业生涯成功的基础。

自我认知的确是人生中的一大挑战，因为意识和潜意识之间的差距常常使人难以全面而准确的了解自己。如果缺乏理性管理感性的能力，即缺少自我约束能力，那么所谓的"人生经历"就可能失去其真正的价值。个人成长离不开自我认知的支撑，缺乏这种能力可能导致社会适应能力的欠缺。人在特定环境中成长和发展，各种素质在有意或无意中被塑造和积累。虽然有些行为可能是无意识的，但如果能够有意识地识别自己的不足，并在意识层面控制潜意识，用意志力克服个性中的缺陷，生活将因此变得更加丰富和独特。一旦掌握了这种习惯和能力，就能够在多彩的生活中积累积极的经验，随着时间的推移，逐渐形成一种令人自豪的处世智慧和能力，这就是修养，是一种积极向上的生活态度。反之，许多人倾向于采用向外归因的思维模式，将对现实的抱怨归咎于他人或社会，而不是进行自我反思。这种态度会导致个人在忙碌的生活中逐渐失去自我，对生活的热情、信心甚至兴趣逐渐消退，最终陷入麻木的生存状态，这种状态实际上是对生命的极大忽视。

在反思自己时，人们往往难以客观地评价曾经的光荣和成就，也不总是清楚如何将这些经历转化为人生智慧和财富。很多时候，我们会用极端的思维模式来评价过去，对现实的不满可能表现为抱怨或忽视，而无法正确理解为何过去的精彩未能带来持续的成功。尽管人生中有一些关键的抉择会影响发展的轨迹，但这并不意味着一次失败就剥夺了未来所有的机会。如果能在性格和人格层面对自己有深入的认知，那么即使失败，也能从中汲取教训，有所收获。准确的自我认知需要通过实践来验证和完善，那些无法承受挫折的人，往往难以真正认识自己。完善自我认知还需要不断调整由遗传决定的基本特质和后天形成的行为习惯共同作用的自然生存模式，这种模式和意识之间的距离与矛盾，有时会让人感到困惑。这种内心的矛盾和距离正是自我认知的难点所在。而我们对自我的认识直接影响到我们的成功与生活质量，因此，"自己是自己一生中最大的敌人"这一理念常被提到重要的理论层面中。

自我认知的心理层面属于较高级的认知能力。虽然对于教育水平较低或智力发展相对滞后的人来说，可能终其一生都难以具备这种能力，但有些人则能够超越这一层次的认知限制。心理认知通常是一个永无止境的过程，因为心理活动本身具有无限的可能性，它随着个人经历、记忆、思想和想象力的发展而不断演变和深化。每当个体经历新的心理活动，尤其是与之前截然不同的体验时，都会促使个体对自我进行更深入的总结和重新调整。

二、自我认知的方法——自我探索

（一）心理学中的自我认知

如果一个人不能正确地认识自我，看不到自己的优点，并总觉得自己不如他人，就容易产生自卑感，失去信心，做事畏缩不前。相反，若一个人对自己评价过高，可能会导致骄傲自大和盲目乐观，进而在工作中犯错。因此，恰当地认知自己是克服这些不切实际的想法的关键，同时也能帮助全面一个人认识自我，在生活中找到合适的发展方向。

首先，一个人如果无法正确认识自己，就无法将自己与周围的事物区分开来，从而也难以认识外界的客观事物。其次，自我意识是个体自觉性和自控力的基础，对自我教育有着重要的推动作用。只有当一个人意识到自己是谁，以及应该做什么时，他才能自觉地去行动。认识到自己的长处和不足，有助于发扬优点，克服缺点，取得自我教育的积极效果。最后，自我意识是改造自身主观因素的途径，它使人能够不断进行自我监督、自我修养和自我完善。可见，自我意识不仅影响人的道德判断，还对个性的形成，尤其是个性倾向性的形成，有着重要作用。

（二）职业自我认知

职业自我认知是个体在职业选择和职业发展过程中自我概念的具体体现，涉及对自身条件、职业环境和社会资源等因素的认识。职业自我包含三个主要方面：生理自我、心理自我和社会自我。

生理自我涉及对自身生理特征的认识，包括身体机能、外貌和体能等方面。对生理自我的认知应包含悦纳、尊重以及有意识地开发和利用自我。心理自我则是对个人价值观、性格特质、兴趣爱好、情感状态和能力水平等心理特征的认识。这一方面在职业自我探索中尤为重要，对职业选择和职业发展有着关键影响。社会自我指的是对自己所处的职业环境和相关社会资源的理解。作为社会性存在，人通过借助他人的力量，往往能够更好地实现职业目标。

遵循全面性、适度性、客观性和发展性原则进行一定的自我探索，能够有效促进个体的自我认知。自我探索是一个积极主动的过程，有助于增强自信、挖掘潜能并实现自我提升。这一过程重视个性的发展，鼓励个性化表达，同时也强调个人需求与组织、社会需求之间的匹配。在职业院校学习阶段，这是人生发展的黄金时期，优越的文化氛围为学生的成长和成才提供了良好的条件。因此，学生应充分利用这一阶段积极准备，为实现职业生涯发展目标奠定基础。

三、职业兴趣的培养及性格的调适

（一）兴趣是最好的老师

1. 投入感兴趣的活动是人生幸福感的来源

当人们投入到自己感兴趣的活动中时，会体验到一种深刻的幸福感。美国心理学教授米哈里·契克森米哈伊的研究表明，当个体全身心地投入到某项活动中，以至于忘记了时间和周围的一切时，这种状态会带来极大的愉悦和满足感。这种沉浸式的体验不仅让人感受到活动本身的乐趣，还能提供一种深层次的满足感。这表明，兴趣是激发内在动力的强大力量，能够使人们享受过程，并从中获得持久的快乐。因此，兴趣不仅是快乐和幸福的源泉，也是个人成长和自我实现的重要途径。

2. 兴趣与生涯发展的关系

首先，兴趣能够激发学习和探索的欲望，促使人们在特定领域内不断提升技能和知识。一个人如果对某项工作或领域有浓厚的兴趣，往往会更愿意投入时间和精力去学习和实践，从而在职业上取得更大的进步。此外，兴趣还可以帮助个体在职业选择中找到最适合自己的方向，因为兴趣往往反映了个人的价值观和内在需求。在工作中拥有浓厚的兴趣，能使人更容易达到"心流"状态，即高度专注和投入的状态，从而提升工作效率和创造力，为职业生涯的成功奠定坚实的基础。因此，兴趣不仅是职业生涯发展的引擎，也是实现自我价值的重要动力源。

(二) 职业兴趣

职业兴趣体现了一个人对工作的态度和适应能力，通常表现为从事某类工作的愿望和兴趣。拥有职业兴趣可以显著提升个人的工作满意度、职业稳定性以及职业成就感。职业兴趣的发展以一定的素质为基础，随着职业生涯的推进而逐步形成和深化。其形成受到个性、自身能力、实践经验、客观环境以及历史条件等多方面的影响。因此，在进行职业规划时，对兴趣的探讨不能孤立进行，必须结合个人、家庭和社会等因素来综合考虑。了解这些因素不仅有助于深入认识自我，还能为制定切实可行的职业规划提供重要依据。

1. 个人需要和个性

人的兴趣以需求为前提和基础，需求决定了兴趣的方向。人们的需求包括生理需求和社会需求，或者说是物质需求和精神需求。因此，人的兴趣也在这两个方面有所体现。生理或物质需求通常是暂时的，容易得到满足。例如，对某种食物或衣服的兴趣，在饱食或拥有后就会得到满足。而社会或精神需求则具有持久性和稳定性，例如人际交往、文学艺术的兴趣、社会生活的参与等，这些需求是长期的、不断增长的，且需要持续追求。

兴趣在需求的基础上产生并发展。有些人的兴趣和爱好品位较高，而有些人的品位较低，这与个性特征的优劣有关。例如，个性品质高雅的人可能会对公益活动感兴趣，乐于助人，喜欢高雅的音乐和美术；相反，个性品质较低的人则可能对占小便宜感兴趣，喜欢低俗的文艺作品。兴趣不仅反映了个人的需求，也反映了个人的品位和个性特征。

2. 个人认识和情感

兴趣的形成与个人的认识和情感紧密相关。如果一个人对某件事物缺乏了解，就不会产生情感，也难以对其产生兴趣。同样地，如果一个人对某种职业缺乏认识或完全不了解，那么他就不可能对这项职业产生兴趣，也不会在职业规划时将其纳入考虑。相反，越是深入了解某个领域，情感越丰富，对该领域的兴趣也会越深。例如，一些人对集邮非常痴迷，他们认为集邮不仅有收藏和观赏的价值，还能丰富知识和陶冶情操。随着收藏的邮票种类和数量的增加，他们的投入和情感也愈发浓厚，这种兴趣甚至可能发展成为一种爱好，最终成为他们的职业方向。

3. 家庭环境

家庭环境对职业兴趣的形成具有明显的导向作用。从幼年起，大多数人在家庭环境中感受到父母的职业活动，随着年龄的增长，逐步形成自己对职业价值的认识。这使得个人在选择职业时不可避免地带有家庭教育的烙印。家庭因素对职业取向的影响主要体现在择业的趋同性与协商性上。通常，个人对于家庭成员尤其是长辈的职业较熟悉，这在职业规划和职业选择上会产生一定的趋同性影响；同时，受家庭群体职业活动的影响，个人的生涯决策往往会在家庭成员协商的基础上产生。此外，兴趣有时也受到遗传因素的影响，父母的兴趣往往会对孩子产生直接的影响。

4. 受教育程度

个人所接受的教育程度显著影响其职业兴趣和发展方向。社会中的每种职业都对从业者有着特定的知识和技能要求，而这些要求往往与个人的教育背景紧密相关。通常情况下，较高的学历意味着更广泛的职业技能培训机会，进而使得个体能够考虑更多样化的职业路径。因此，教育不仅塑造了个人的知识体系，还拓宽了他们选择职业的可能性范围。

5. 社会因素

社会舆论对个人职业兴趣的影响体现在多个方面，包括政府政策导向、传统文化以及社会时尚等。政府的就业政策及其宣传往往起着主导作用，引导人们的职业选择和发展方向。同时，传统的就业观念和模式也会对个人的职业决策产生制约作用。此外，社会时尚职业常常成为年轻人追求的目标，这反映出时代的潮流和个人的价值取向。值得注意的是，兴趣和爱好并非孤立存在，而是受到社会环境的深刻影响。不同的社会环境、职业背景及文化层次会导致人们拥有截然不同的兴趣和爱好，进而影响他们的职业偏好。

6. 职业需求

职业需求是指在一定时期内，用人单位所能提供的不同职业岗位对从业人员的总需求量，这是影响个人职业兴趣的一个重要客观因素。当职业需求量大且职业种类多样时，个人在选择职业时就有更大的空间。职业需求对个人的职业兴趣具有导向作用：它可以强化个人的职业选择，抑制那些不切实际的职业倾向，并且在某些情况下还能激发个人形成新的职业兴趣。这种导向作用有助于个人根据市场的需求调整自己的职业规划和发展方向。

（三）培养自己职业兴趣的策略

想要科学地规划自己的职业生涯，可以有意识地培养自己的职业兴趣。从职业兴趣的产生和发展来看，一般要经历这样一个过程：有趣—乐趣—志趣。

有趣是兴趣发展的第一阶段，也是兴趣水平的较低层次。

第二阶段为乐趣，乐趣又称爱好。它是在有趣的基础上定向发展而来的，代表着兴趣发展的中级层次。在这一阶段，人们的兴趣朝着专一且深入的方向发展。

第三阶段为志趣。当个人的乐趣与社会责任感、理想、奋斗目标结合时，乐趣便升华为志趣。志趣是兴趣发展的高级层次，具有社会性、自觉性和方向性的特点，它可以伴随一个人的整个职业生涯。

1. 个人职业兴趣的培养方法

职业兴趣一旦形成，通常在职业生涯中会保持一定的稳定性。然而，职业兴趣也可以根据实际需求，通过多种途径进行调整和培养。我们可以从以下几个方面来发展和提升职业兴趣：

（1）拓宽兴趣范围。拥有广泛的兴趣不仅有助于深入了解自己所选领域，还能开阔眼界，对其他领域产生兴趣。这种多元化的兴趣可以在遇到问题时提供多角度的解决方案，也让职业生涯的选择更加多样化。

（2）重视间接兴趣。直接兴趣源于某事物的直接吸引，而间接兴趣则来自于对该事物可能带来的结果的兴趣。在初期接触某职业时，直接兴趣可能不强，但可以通过对该职业的未来前景、社会意义等方面的了解来激发间接兴趣。这种方式有助于逐步培养起对职业本身的直接兴趣。

（3）集中培养核心兴趣。尽管广泛的兴趣是有益的，但更重要的是要在某一特定领域培养出强烈的核心兴趣。专注于某一领域不仅能让人深入学习，还能在该领域获得更多的专业知识。如果兴趣过于分散，可能会导致知识浅薄，缺乏明确的职业方向。

（4）参与职业实践。实践是深化职业兴趣的关键。通过生产实习、社会调查、参观访问和兴趣小组等多种实践活动，可以获得对职业的深入理解，激发更强烈的兴趣。这些实践经历还能帮助个人根据社会和自我需求，有意识地培养和发展职业兴趣，为职业成功打下坚实基础。

（5）客观评估自身能力。在确定职业兴趣时，应客观评价自己的能力。这不仅有助于选择适合自己的职业方向，还能避免因期望不切实际而导致的挫折。

（6）保持职业兴趣的稳定性。在某一领域保持持久的兴趣非常重要。这样不仅能集中精力深入研究，还能在职业生涯中取得显著成就。频繁更换兴趣会消耗精力和时间，不利于长远发展。

（7）务实地培养职业兴趣。在培养兴趣时，应考虑外部条件和资源。过于理想化的兴趣培养可能会导致与现实脱节，反而限制了自身的发展空间。

总之，职业兴趣的培养和发展需要综合考虑个人兴趣、能力和外部环境，以达到最佳的职业规划和发展效果。

2. 培养职业兴趣的措施

（1）扩大职业认知面。在校期间应充分利用学校提供的各种资源，如图书馆、网络资源、公开讲座等。此外，可以通过旁听其他专业课程、参加社团活动、与同学和老师交流、实习或兼职等方式，接触更多的领域和工作类型。这种多方位的探索有助于发现自己真正感兴趣的领域和职业方向。

（2）扎实掌握专业知识。逐步培养对所学专业的兴趣，学好基础课程是关键。要认识到每个专业内部有许多不同的方向，可能某个领域会特别吸引你。此外，现代许多学科都有交叉学科的趋势，这为找到新的兴趣点提供了机会。通过多接触和多尝试，可能会发现自己特别感兴趣的专业方向。

（3）培养社会责任感。所谓"干一行，爱一行"，在就业市场上，很多人可能无法立即找到理想的职位。因此，职业院校学生需要快速调整自己的期望值，适应现有的就业环境。在不理想的职位上，通过不断学习和适应，也可以培养出对该领域的兴趣，并取得卓越的成就。

（4）结合自身才能发展兴趣。才能与兴趣相互促进、相辅相成。在选择职业时，应考虑自己的特长和技能。找到与自己能力匹配的职业，不仅能提升工作中的兴趣，还可能在专业领域内脱颖而出，成为行业精英。兴趣能增强工作的动力，而才能则为兴趣的发展提供基础，两者结合能推动职业生涯的发展。

（四）职业性格调试

人格也被称为人格特质，是指一个人在生活中对他人、对事、对自己以及对外在环境所展现出的一致性应对方式。每个人在其成长历程中，都可能受到生理、遗传、家庭背景、文化熏陶、学习经历等多重因素的共同作用，从而形成独特的个性，并在不同的情境中表现出特定的气质。

1. MBTI 的基本观点

MBTI 衡量的是个人的性格类型偏好。MBTI 性格理论包含以下四个维度。

（1）维度一：个性第一层——外向型与内向型。个性类型的首要层面关乎我们如何与周围世界互动以及能量的释放方式。

外向型个性倾向于外部世界，喜欢与人交流和参与各类活动。他们在与人互动中充满活力，乐于成为社交场合的焦点。他们通常行动先于思考，喜欢在讨论中即兴发表见解。这类人容易被他人了解，乐于分享自己的感受与想法，反应迅速，适应快节奏的环境。他们从社交活动和外界互动中获取能量，常需与不同的人接触以保持活力。相反，内向型个性则更倾向于内在世界，通常表现得安静、内敛，喜欢独处或仅与少数人进行深度交流。他们不喜欢成为社交场合的焦点，通常先思考再行动，注重个人隐私，只愿意与亲近的人分享信息。内向型的人更喜欢慢节奏的生活，追求深度而非广度的体验。他们通过独处或在安静的环境中恢复能量，与外向型的社交需求形成鲜明对比。

（2）维度二：个性第二层——感觉型与直觉型。个性类型的第二个层面与我们如何注意和获取信息。这主要区分为感觉型和直觉型两种方式。

感觉型的人倾向于通过五官感受来获取准确信息，他们信奉眼见为实、耳听为真，注重具体、实际的细节。他们喜欢切实可行的新想法，推崇现实主义和常识，对已知技能的应用和深入研究感兴趣。感觉型的人关注可测量和记录的事物，喜欢循序渐进地整理和传达信息，对细节尤为敏感。他们更关注事情的实际状况，因此适合从事应用性强的工作。

而直觉型的人则依赖所谓的直觉或第六感来获取信息。他们喜欢新颖的概念和创意，崇尚想象力和创新，常对新事物充满好奇。直觉型的人在掌握新技能后可能会迅速感到乏味，因为他们喜欢不断探索新的可能性和挑战。他们更倾向于关注事物的整体概念和象征意义，而非具体细节。直觉型的人通常从未来的角度思考问题，重视信息背后的含义和潜在可能性，适合从事理论研究和策划类工作。

在现实生活中，感觉型和直觉型的人在许多方面表现出显著的差异。例如，向感觉型的人问路，他可能会提供非常详细的指引，包括行走的距离、时间以及转弯的标识物等。而直觉型的人则可能只是简单地指示方向，更关注大致方位而非具体细节。这种差异也导致了两者在看待对方时存在不同观点。感觉型的人可能认为直觉型的人过于幻想、不够实际，而直觉型的人则可能认为感觉型的人太保守、不愿意接受新事物。然而，这两种类型的人在工作中可相互补充：直觉型的人适合策划和创造性的工作，而感觉型的人则擅长执行和落实细节。通过有效的合作，两者能够共同达成最佳的工作效能。

（3）维度三：个性第三层——思考型与情感型。个性类型的第三个层面涉及我们如何做出决定和得出结论。这主要分为思考型和情感型两种方式。

思考型的人重视逻辑性、公正性和公平性。他们通常依靠分析数据和权衡事实来得出合乎逻辑的结论和选择，追求统一标准。思考型的人在决策时以理性为主，以事实为依据，直接而清晰地表达观点。他们认为诚实和直接优于精明和机智，强调逻辑上的一致性和合理性。由于重视客观标准，他们可能会被视为冷漠、无情或缺乏同情心。思考型的人通常具有强烈的成就动机，喜欢解决问题，尤其擅长处理概念、数字或具体事物。

情感型的人则习惯于根据个人的价值观来做决策，他们更关注信息对自己和他人的主观影响。这类人依靠内心的感受和价值观来判断是非，决策时往往考虑人际关系和个人感受。他们追求与自己价值观相符的事物，重视工作中的人际和谐，喜欢在帮助他人的过程中找到满足感。情感型的人认为所有感情都是有意义的，尽管这些感情不一定符合逻辑。他们倾向于按照自己的爱好和情感做出选择，易于理解和共情他人的感受，有时可能被认为过于感性、缺乏理性分析。

在工作环境中，思考型和情感型的人各有优势。思考型的人擅长分析问题、制定策略和处理逻辑复杂的任务，他们在处理概念性和实际性问题时表现出色。而情感型的人则更注重人际关系和团队氛围，他们在需要理解和支持他人的角色中表现突出。两者在工作中的差异也可以互补：思考型的人可以为团队提供清晰的分析和决策依据，而情感型的人可以确保团队的情感需求得到满足，创造一个和谐的工作环境。通过结合这两种思维方式，团队可以更全面地解决问题并做出更平衡的决策。

（4）维度四：个性第四层——判断型与知觉型。个性类型的第四个层面聚焦于人们在与外界互动时做出决策和管理生活的方式。这一方面主要分为判断型和知觉型两种类型。

判断型的人倾向于结合理性思考和情感因素来组织、计划并控制他们的生活。这类人在做出决定后往往感到安定和满足，他们遵循"先工作后享乐"的原则，并高度重视设定目标及按时完成任务。判断型的人认为时间是一种有限的资源，因此他们珍惜时间，强调条理性和计划性。他们乐于制定并执行计划，享受有条不紊的生活，无论是家庭环境还是工作环境都希望保持整洁有序。在工作中，判断型的人通常能够高效完成任务，善于管理项目和团队。他们对系统性和秩序性有着较高的要求，一旦计划被打乱，可能会感到不安和烦躁。

知觉型的人则更倾向于依赖感觉和直觉来做决策，他们的态度更为灵活和开放。这类人喜欢自发和随意地处理问题，能够适应新的情况并根据变化调整目标。知觉型的人注重结果，但将时间视为一种相对灵活的资源，不喜欢被严格的计划和期限所束缚。他们对计划的执行往往缺乏兴趣，更享受问题解决的初始阶段和创造新思路的过程。然而，这种灵活性也可能导致他们在接手过多任务后无法按时完成，缺乏持续的自我管理能力。在工作环境中，知觉型的人善于抓住机遇，适应新环境和新挑战，但可能在长期项目管理中缺乏稳定性和持续性。

在工作场所中，判断型和知觉型的人各有优缺点。判断型的人有组织、有计划，能够按部就班地完成任务，但可能过于拘泥于计划，难以灵活应对突发变化。而知觉型的人则富有适应性和创造力，能够在新的环境中灵活应对，但可能因为缺乏计划性而难以维持长期稳定的工作进度。这两种类型的特质可以在团队中相辅相成：判断型的人可以提供结构和稳定性，而知觉型的人则可以带来灵活性和创新。这种互补关系可以帮助团队在面对复杂项目时既保持秩序又能灵活应对变化。

2. 现代气质学说

（1）气质类型与特点。现代气质学说将人类的气质分为四种类型：多血质、黏液质、胆汁质和抑郁质。每种类型都有其特点。

多血质的人通常情感丰富且外露，但情感并不稳定。他们思维敏捷，活泼好动，热情大方，善于交际，适应能力强且行动迅速。然而，他们的缺点在于缺乏耐心和毅力，稳定性较差，容易见异思迁。

黏液质的人情绪相对平稳，表情不太丰富。他们的思维灵活性略显不足，但在处理问题时非常细致和周到。这类人安静稳重，踏实可靠，沉默寡言，喜欢沉思，具备很强的自制力和耐受力。他们往往表现出内刚外柔的特质，交往适度，交情深厚。黏液质的缺点是行动主动性较差，显得缺乏生气，行动较为缓慢。

胆汁质的人情绪体验强烈且爆发力强，情绪平息得也很快。他们思维灵活，但可能有些粗枝大叶。胆汁质的人精力旺盛，勇敢果断，热情直率，为人朴实真诚，表里如一，行动敏捷，充满活力。然而，他们容易冲动行事，常常欠缺深思熟虑，鲁莽冒失，容易感情用事，有时显得固执己见。

抑郁质的人情绪体验深刻且细腻持久，常常表现出多愁善感。他们思维敏锐，想象力丰富，但不善于社交，常显得孤僻离群。这类人忠实稳重，自制力强，但行为举止往往较为缓慢，显得有些软弱和胆小。

（2）气质类型与职业选择。气质是人们个性中最为稳定的因素之一，因此在选择职业时，了解自己的气质类型是非常重要的。尽管气质没有优劣之分，但它确实会影响一个人的工作效率，特别是在需要承受高度身心压力的职业中，气质不仅关系到工作的效率，还可能影响事业的成败。

多血质的人感受性较低，但耐受性高，表现出很强的可塑性和外倾性。他们反应迅速而灵活，工作能力较强，情绪丰富且容易兴奋。这类人适应环境的能力强，但注意力不稳定，容易被新的兴趣所吸引。因此，他们不太适合从事单调或细致的工作，如机械操作或精细制造。相反，管理、导游、外交、公安、军官等需要快速反应和灵活应对的职业更适合多血质的人。

黏液质的人具有较强的自我克制能力，能专注于工作，态度沉稳，不易分心。由于他们的灵活性较差，可能有保持旧习惯的倾向。这类人适合从事需要细致、耐心和持久性的工作，如会计、法官、调解人员、管理人员以及外科医生等。

胆汁质的人精力旺盛，容易激动和暴躁，神经活动的兴奋性很高。他们能以极大的热情投入工作，主动克服工作中的困难。然而，如果对工作失去信心，他们的情绪会迅速低落。胆汁质的人适合从事需要高能量和快速决策的职业，但他们在面对长期的、细致的任务时可能缺乏耐心。

抑郁质的人感受性高，但耐受性低，情绪体验深刻且细腻，反应速度较慢且相对刻板。他们具有很强的观察力，能够注意到细微的事物，做事谨慎小心。由于容易感到疲劳和焦虑，抑郁质的人不适合压力高的环境。适合他们的职业包括打字员、校对员、检查员、化验员、数据登记员、文字排版员和机要秘书等，这些工作需要细心和耐心，但压力相对较小。

一般来说，要求快速反应和灵活应对的工作更适合多血质和胆汁质的人，而需要细致和耐心的工作则更适合黏液质和抑郁质的人。了解自己的气质类型并选择合适的职业，不仅能提高工作效率，还能提升工作满意度和职业成就感。

第二章

职业生涯规划

第一节　职业生涯规划基本理论

一、职业生涯规划及其意义

（一）职业生涯和职业生涯规划

1. 职业生涯的内涵

职业生涯是指个人在生活中所经历的各种职业及相关事态的发展方向和历程。它综合了一个人一生中所有的职业和生活角色，展现出个人独特的自我发展形态。职业生涯不仅包括职业活动，还涵盖了所有与工作有关的角色，如学生、退休者，甚至包括家庭和公民角色等。因此，职业生涯的范围远超"工作"或"职业"本身的定义。工作通常指在一个组织中从事的有薪职位，要求具备特定技能和素质，如建筑、贸易、教育和医护等领域。而职业则是指在不同组织中从事的一类相似的工作，如工人、商人、教师和医生等。

生涯的定义比工作和职业更为广泛，它除了涵盖工作和职业外，还包括一个人在其一生中从事的所有活动。人的一生中扮演着多种角色，从孩童、学生、上班族、社会公民到为人父母，每一个社会角色都形成了个人的"生活风格"。这些角色的变化和发展过程共同构成了个人的"生涯"。

生涯的发展贯穿人的整个生命历程，从青春期到退休后，包含了有偿和无偿的活动，反映了个人在不同阶段的成长与变化。通过在不同角色中的体验和发展，个人的职业生涯形成了一个综合的、独特的发展轨迹，这体现了个人的价值观、兴趣和目标。

2. 职业生涯规划的定义

职业生涯规划通常是指一个人尽力安排和规划未来职业发展的过程。在综合考虑个人的智力、兴趣、价值观以及可能遇到的障碍和助力后，制定出合适的计划，并借此调整和确立自己的人生方向，使自己能够找到适合的角色和定位。

从定义中可以看出，职业生涯规划是一个人主动且有意识的行为。"尽量规划未来"意味着对于我们可以掌控的部分，要尽最大努力的规划和准备；而对于不可控的因素，如自然灾害和意外事件等，则需冷静应对，灵活调整。简而言之，职业生涯规划是为了找到一个能引导自己坚定前行的方向。

大学生的职业生涯规划可以定义为：在大学阶段，大学生通过了解自身和外部环境之间的联系，为自己设定明确的职业方向和目标，选择合适的职业路径，制定学习计划（特别是大学期间的学习计划）和发展计划，并确定具体的行动时间和方案，以实现职业生涯的既定目标。

（二）职业生涯规划的意义

1. 职业生涯规划能够帮助个人确定职业发展的目标和方向

职业生涯规划是帮助个人全面认识自我的一种方式。通过深入分析，个人可以更清晰地了解自己的特长和兴趣，评估自己的能力、优势以及不足。在制定规划时，通过对外部环境的细致研究，能够明确职业发展的方向，选择适合的职业目标，并采取恰当的方法和有效的措施，克服职业发展中的种种挑战，充分发挥自身潜力，从而在事业上取得成功，实现人生目标。随着社会的快速发展，大学生展现才华的舞台日益广阔，他们追求事业成功的愿望也愈发强烈。然而，机遇与挑战共存，面对社会的进步和激烈的竞争，缺乏准备的人容易感到迷茫和焦虑，承受巨大的心理压力。因此，大学生应在大学期间认真进行职业生涯规划，深入剖析自己，科学确定职业发展的目标和方向，不断发掘自身的潜能，才能更好地掌控自己的人生道路。

2. 职业生涯规划能够促使个人努力工作

任何工作和事业的成功都离不开个人的努力。制定职业生涯规划，不仅可以让人明确努力的方向，还能激励自己不断积极进取。这就像为自己设定了一个清晰的标杆，有了明确的目标，就能全力以赴地向前迈进。实现这些规划，不仅能够增强自我成就感，还能够促使人不断追求新的目标。职业生涯规划的制定和实现，就像一场长跑比赛，随着时间的推移，不断实现阶段性目标，个人的思维方式和工作方法也会逐渐得到优化和发展。

3. 职业生涯规划有助于个人抓住工作重点

制定职业生涯规划的关键作用之一在于合理安排日常工作，评估任务的优先级。没有明确的职业生涯规划，个人容易被日常琐事牵绊，甚至被繁杂事务淹没，难以实现人生目标。通过职业生涯规划，我们能够明确工作的重点，提高成功的可能性。任何事情都有其关键所在，如果无法抓住重点，成功将变得困难重重。

4. 职业生涯规划能够更有效激发个人潜能

每个人都拥有无穷的潜力，关键在于如何充分挖掘和利用这些潜力。例如，在大学阶段，并非所有学生在组织协调或科研创新方面都有显著优势，但很多同学在这些方面隐藏着巨大的潜力。给这些学生设定明确的任务和目标，并激发他们的内在热情，他们往往会努力学习，充分发挥潜能，最终在工作和学习中取得优异的成果。历史上的许多杰出科学家、军事领袖等，最初并非从事相关工作，但在环境压力和个人追求的推动下，通过刻苦努力，他们的潜力得到了充分释放，最终取得了辉煌的成就。因此，通过职业生涯规划，可以明确自身的发展方向和目标，并在个人的努力下充分发挥潜力，实现人生的价值。无论选择什么样的职业，科学的职业生涯规划都能帮助人们更好地实现职业目标，取得事业的成功，使普通人成长为优秀的人才。

二、职业生涯规划的理论基础

（一）生涯类型论

生涯类型理论源于心理学领域，最早由美国心理学家约翰·霍兰德（John Holland）在 20 世纪 50 年代提出。他根据自身在职业咨询工作中的丰富经验以及大量研究，得出了以下结论：人们在选择职业和积累经验时，往往会展现出他们个人的兴趣、价值观等特质。这意味着，职业选择实际上是个人在职场中的人格延伸。同时，人们通常会被那些能够满足其需求和角色认同的特定职业或生涯路径所吸引。

霍兰德的生涯类型理论主要包括以下几个概念：

（1）个人特质类型：根据兴趣、性向和价值观等个人特质，可以将人们归为六种类型，分别是实际型（Realistic，R 型）、研究型（Investigative，I 型）、艺术型（Artistic，A 型）、社会型（Social，S 型）、企业型（Enterprising，E 型）和传统型（Conventional，C 型）。

（2）工作环境特性：类似于个人特质，工作环境的特征（如职业、具体工作内容、主修专业以及休闲活动等）也可以归入上述六种类型之一。

（3）特质-环境匹配：具有某种特质类型的人往往会被相似的工作环境吸引，这种匹配有助于他们感到满意并投入其中。

（4）特质与环境的相似性：当个人的特质与工作环境特性高度相似时，个人会更容易感到满足，积极投入工作，并且能够作出更大的贡献。

由于个人特质和工作环境特性通常不会完全属于单一类型，因此通常会以分数较高的前三个类型来代表个人的特质组合以及工作环境特征组合，如 RIA 型、ASE 型或 IAS 型等。其中，第一个字母代表最符合的类型，后面两个字母则代表次符合的类型。

霍兰德的生涯类型理论在咨询中的目标如下：①利用测评工具评估个人特征。使用各类评估工具来分析个体的兴趣、性格和价值观等特质。②理解职业或专业的特征类型。通过信息收集和分析，了解特定职业或专业的特性和要求。③获取有关职业或专业的详细信息。收集并了解即将选择的职业或专业的具体情况。④整合个人特质与职业特征。将个人的兴趣、价值观与职业特性结合，帮助确定最适合的职业选择。

这一理论适用于那些面临选择困惑的个体，如决定学习的专业、选择职业方向、寻找新的工作或探索休闲活动等情况。对于有决策障碍的个体，如非理性信念、低自我效能或缺乏决策能力，这种方法尤为适合。它主要解决的是即时的选择问题，而不太适合用于深度的心理探索。

（二）生涯发展论

萨珀（Donald E. Super）的生涯发展理论融合了差异心理学、发展心理学、职业社会学和人格理论等多种视角。差异心理学关注个体在兴趣、能力和个性等方面的差异；发展心理学则描绘了个人特质随着时间演变的不同阶段；职业社会学强调环境因素对职业选择和适应的影响；而人格理论则探讨人格的形成、发展和变化与职业生涯的关系。萨珀通过长期的纵向研究，综合这些理论，逐步构建了一个全面的生涯发展理论体系。以下呈现与生涯咨询关系密切的重要概念。

（1）个人生涯受到自我概念的影响，自我概念是推动个人生涯形态形成的主动力。从婴儿期开始，个体就形成自我与他人的区别，这种区别持续发展并贯穿一生，职业的选择也是个人自我概念的一种实现。

（2）生涯发展是一个终身的历程，其发展阶段如下：

成长期（0～14岁）：发展态度、能力、兴趣和需求等基础特质。

探索期（15～24岁）：个体逐渐缩小职业选择的范围，但尚未做出最终决定。

建立期（25～44岁）：个体通过积累工作经验来探索和确认自己的职业定位，并努力在职业上稳定下来。

维持期（45～64岁）：个体主要进行职业调适，力求改善自己的工作地位和环境。

衰退期（65岁以后）：个体开始考虑退休后的生活，逐步减少工作量，最终完全退休。

（3）生涯在特定时间点上结合了生活中的多重角色，如儿童、学生、工作者、休闲者、家长和公民等，这些角色之间相互影响，尤其是工作者的角色与其他角色有着密切的交互作用。在人生的不同阶段，角色的选择、持续时间和重要性会不断变化，通常个人可以在一定程度上掌控这些变化。自我概念和价值观贯穿于所有角色中，影响着角色的表现和选择。

（4）做出有效的生涯选择需要掌握特定的知识，包括对自身的了解、对职业世界的认知以及对具体职业的认识。这些知识的整合对于生涯发展至关重要。如果缺乏这些知识，会影响生涯成熟度，而生涯成熟度是适应和应对生涯发展挑战的重要能力。

（5）尽管个人的自我概念、兴趣、价值观、能力和目标是生涯选择和发展的核心因素，但环境条件同样具有重要影响力。外部因素如经济状况、社会文化背景和教育机会等，都可能影响个人的生涯选择和发展路径。

职业发展理论高度重视个人职业发展的广泛性、深入性和持续性，同时也强调自我概念的形成与生活角色的整合。其规划目标主要包括以下几个方面：

（1）提升职业成熟度，以减少因态度、技巧和知识等方面不足所导致的发展障碍，从而顺利完成职业发展任务。

（2）在必要时，通过评估或面谈等手段来分析个体的自我概念和个人优势。

（3）帮助个体理解职业是多种生活角色相互作用的结果，指导他们选择合适的生活角色，并明确这些角色的内涵与要求，以实现生活的和谐与平衡。

（4）协助个体认清自己的兴趣、能力和价值观，并将这些因素与生活中的各种角色进行有效整合，以促进其职业发展。

因此，职业发展理论通常适用于那些因生活角色间的冲突或不平衡而求助的人士，或因兴趣、能力、价值观模糊或不一致而困扰的人士，以及那些关注自身未来职业发展规划并希望得到指导的人士。

（三）社会学习论

社会学习理论起源于心理学的学习理论。克朗伯兹（John Krumboltz）认为，职业选择是一个持续演进的过程，而非偶然事件。个人的职业选择和发展是通过学习逐渐积累并演化而成的行为，这表明个体在职业发展的道路上具备学习和应用新行为的能力。

克朗伯兹的社会学习理论主要包括以下核心概念。

（1）影响个人职业决策的四类关键因素：①遗传因素和特殊能力，这些因素可能会影响或限制个人的学习经历和选择范围；②环境因素和事件，如教育经历和就业背景、社会政策、社会变迁、家庭状况等，它们对个人的学习和决策有重大影响；③学习经历，包括操作性学习和联结性学习两种类型；④任务导向的技能，这些技能是问题解决、工作习惯、态度、情绪反应和认知过程等因素共同作用的结果。

（2）这些因素的相互作用产生以下结果：①自我观察的结论。个人基于学习对自己表现的评估，包括兴趣、喜好以及工作价值观等，是职业选择的重要依据。②世界观的结论。个人通过学习对外部环境和未来发展的评估。③任务导向能力。个人通过学习培养出来的能力，如明确价值观、设定目标、探索多种解决方案、收集信息以及预测未来变化等。④行动。个人在整合学习经验后，对自我和环境进行评估，并利用任务导向能力采取具体行动，以引导个人发展方向。

（3）个人在学习经验中可能会形成非理性观念，这些观念可能成为生涯选择的障碍。例如，个人可能会以偏概全地推论某些经验、对失败事件产生过度的反应、持有先入为主的偏见，或使用狭隘的标准来评估自己和他人。

（4）个人会将过去的学习经验和自我观察类比到新的学习任务中，这种类比可能影响他们对新事物的接受度和适应能力。

（5）社会学习论的咨询目标包括：厘清并消除限制生涯选择和发展的非理性信念；教授决策能力；创造机会会增加个体的正面经验；提升个体的规划能力；帮助个体接受并应对生活中的不确定性。

（6）社会学习论特别适合那些需要厘清非理性观念、学习新技能或经验、改善自我概念以及寻求实际行动体验的个体。这种方法有助于个体打破思维局限，增强自我效能感，并为未来的生涯发展做好准备。

（四）生涯建构论

近年来，生涯建构论日益受到人们的重视。这一理论起源于凯利的个人建构心理学。个体建构心理学主张个人通过自己构建的一组视角或模板来理解和适应世界，同时努力使这些视角与现实保持一致。皮威（Pivik）在 1992 年基于凯利的理念发展了"建构取向生涯咨询"理论，即构建论，该理论强调个人通过自主决策和选择行动来赋予生活意义。与传统的生涯理论相比，建构论更关注个人在生涯规划中的意图、目标和决定，而不是单纯依赖人格类型、自我概念或过去的学习经验等因素。

（1）皮威的建构论强调四个核心问题：①咨询师与来访者的同盟关系。咨询师和来访者之间建立一种合作伙伴的关系，共同探讨问题。②来访者自我帮助。咨询师鼓励来访者采取主动措施，自己探索和解决生涯问题。③计划和意义的评估。咨询师帮助来访者慎重思考、评估和决定与未来计划和意义相关的问题。④重新建构个人意义。帮助来访者重新定义个人生涯意义，并使其与社会现实相协调。

（2）建构论适用于那些重点关注如何确立未来生涯方向和寻找生涯意义的个体，或者因外在环境影响而在个人生涯中遇到冲突的人。这一理论能够帮助个体在面对生涯不确定性时，通过主动的选择和行动，找到个性化的解决方案并赋予生涯以新的意义。

第二节　职业生涯规划的制定

一、制定职业生涯规划的基本原则

制定的职业生涯规划要切实可行，具备现实性、可行性和可操作性。高职大学生应深化对自我的认知，充分考虑自身条件及外在环境的限制，选择适合自己且能够实现的职业目标，制定贴合实际的职业发展计划。高职院校可通过举办形式多样的活动来启发和引导学生，组织大学生探讨如何确立大学目标，并引导他们为自己的职业生涯做好相应的准备。

（一）职业关联原则

1. 与社会需求的结合

职业选择是一项具有社会属性的活动，必然受到社会环境的影响。个人的职业选择自由是有限的，若不符合社会需求，将难以获得社会的认可。大学生在规划职业生涯时，应从社会需求出发，将个人愿望与社会需求有机结合。既要注重当前的利益，也要兼顾未来发展；既要考虑个人因素，也要服从社会需求。只有将个人志向与国家利益、社会需求相结合，才能实现真正的职业理想，使规划具有现实可行性和可操作性。

2. 与所学专业的结合

每位大学生都有特定的专业方向，专业的培养目标和就业方向是职业生涯规划的重要依据。用人单位通常对毕业生的专业特长有明确要求，大学生进入职场后的贡献多依赖于专业知识的运用。如果职业生涯规划脱离了专业，不仅会增加额外的学习负担，还会使个人价值的实现变得更加困难。因此，大学生需要拓展专业知识的广度和深度，并掌握相关的基础知识，努力成为具备多学科能力的复合型人才。

3. 与个人特征的结合

在进行职业生涯规划时，大学生需考虑自身的兴趣和爱好。对某项工作有兴趣的个人，往往在工作中更具主动性和积极性，从而取得更佳的成绩。有些大学生兴趣狭窄，未能形成优势；有些则兴趣广泛，但缺乏特长。因此，大学生应客观分析自己的兴趣爱好，并适当培养和调整，在正确认知和评价自身能力与特长的基础上，充分发挥优势，科学规划职业生涯。

4. 与身心健康的结合

心理健康在职业生涯中具有重要作用，它有助于大学生在适应职场环境时保持良好的心理状态，充分挖掘心理潜能。要实现理想目标，个人的智商、情商和逆商都至关重要。智商是成功的基础，情商是关键指标，逆商则决定个体能否将危机化为转机。在职业选择过程中，大学生应正视生活中的困难和挫折，培养和增强应对挫折的能力，提高心理素质，保持积极乐观的心态。此外，良好的身体素质是成功的前提，进入职场后应注意锻炼身体，保持健康的生活习惯。

在职业生涯规划中，职业关联原则还需要遵循目标管理和自我控制以及目标导向原则。

（1）目标管理和自我控制。目标管理的核心在于制定目标体系时遵循 SMART 原则。

①明确性（Specific）：目标必须具体化，用明确的语言清晰地说明要达成的行为标准。例如，"我要成为某某公司的顶级销售员"或"我希望在今年内将工资提升到 8000 元"这样具体的目标，比模糊的愿景如"找份好工作"或"成功晋升"更具可行性。细节化的目标设定可以防止因只顾大方向而忽略实际操作步骤。

②可衡量性（Measurable）：目标应包含明确的量化标准，以数据为依据来评估是否达成目标。避免使用模糊的词语，如"大概""差不多"，因为这些词语无法提供实际的衡量标准。例如，在团队工作中，明确的量化数据可以避免上下级之间对目标进度的误解。当然，并非所有目标都能量化，尤其是一些大方向性质的目标。

③可实现性（Attainable）：设定的目标应是经过努力可以实现的。虽然职业目标应具备挑战性，但必须是切实可行的。我们鼓励设定高目标，但不支持设定无法实现的虚幻目标。

④相关性（Relevant）：设定的目标应与其他目标和岗位职责相关。实现某一目标应

有助于其他目标的达成。例如，一个前台员工提升英语能力，可以直接提高接待服务的质量；而如果让她学习六西格玛管理方法，这可能与前台工作的提升没有直接关联。

⑤时限性（Time-bound）：目标应设定明确的时间限制。例如，"我将在 2024 年 5 月 31 日之前完成某事"。明确的时间限制有助于合理考核工作进度，并避免因时间观念差异而产生工作冲突。时间限制也帮助确保任务的优先级和紧迫性得到合理处理。

在目标设定的实施过程中，需根据工作任务的权重和优先级设定完成时间，并定期检查进度。这有助于及时掌握项目进展，并根据需要对工作计划进行调整，提供及时的工作指导。

（2）目标导向原则。在一定的时间内期望达到的具有一定规模的值，这种期望值就被称为目标。人们也经常给目标赋予另一个定义：将梦想具体化为日期化和数字化的形式。对人生而言，需求产生目的，目的的具体化便形成目标，目标就是前进的动力，也是行动的灯塔。

（二）可操作性原则

要使职业生涯规划具备现实可行性，需要遵循以下两点。

1. 符合自身实际情况

职业生涯规划必须与个人的价值观、性格、兴趣和特长相符。若忽视这些个人特质，制定的职业规划将难以持久执行，并可能导致个人在工作中无法充分发挥潜力。一个符合实际的规划能帮助个人找到真正的职业热情和动力，从而实现自我价值。

2. 满足社会需求

职业规划还需符合社会的现实需求，这包括职业市场需求、行业发展趋势、组织需求以及家庭期望等。若忽视这些因素，职业生涯规划可能会变成单纯的自我设想，缺乏可操作性。在规划中，应充分考虑当前社会和行业的发展状况以及未来趋势，以确保职业选择具有前瞻性和适应性。

对以下问题的回答有助于检验职业生涯规划的可行性。

（1）规划是否根据我的个性和特长制定？此问题帮助评估规划是否考虑到个人的独特性，如性格、兴趣、特长等，以确保职业路径是自己真正热爱的方向。

（2）环境（社会、行业、家庭）是否支持我的规划？这一问题旨在考察外部环境对规划的支持程度，包括社会对某职业的需求，行业的现状与未来发展前景，以及家庭对职业选择的支持态度。这些因素的支持对于确保职业规划的实施与发展至关重要。

（三）时间梯度原则

职业生涯的发展具有明显的阶段性特征，因此职业生涯规划的目标和行动也需要分阶段进行设定。每个目标都应设定两个时间坐标：一是开始时间，指什么时候开始为实现目标而采取行动；二是预期达成时间，没有明确的时间限定会使职业生涯规划变成无期限的空谈。

此外，在制定职业生涯规划时，还需遵循以下原则。

（1）可调整性原则。目标或措施需要具备一定的灵活性或缓冲空间，以便在外部环境变化时能做出相应的调整。这种灵活性有助于应对不可预见的挑战和机遇，使职业规划更具适应性和生命力。

（2）一致性原则。需确保主目标与分目标之间、目标与实施措施之间保持高度的一致性。同时，个人目标也应与集体目标，如班级或团队的目标相一致。这种一致性有助于促进个人与集体的共同发展。

（3）激励与挑战性原则。职业生涯规划应能激烈个人的内在动力，目标应积极向上，实现目标后能带来成就感和满足感。同时，目标和措施应具备一定的挑战性，而非仅仅是维持现状。这种挑战性有助于激发个人潜能，推动其持续进步和成长。

每个人在实现职业生涯目标的过程中，会经历不同的发展阶段，每个阶段有着不同的职业需求和人生追求。根据年龄和职业发展的特点，职业生涯规划可分为以下几个阶段：

1. 职业准备阶段

职业准备阶段通常从 14～15 岁开始，持续到 18～22 岁。这一时期是个人在就业前学习专业知识、掌握职业技能的关键时期，也是个人综合素质形成的主要时期。此阶段的主要目标是为未来的职业选择奠定坚实的基础。

2. 职业选择阶段

职业选择阶段集中在 17～30 岁。这一时期是个人从学校走向社会，从理论走向实践的过渡阶段，也是基于职业准备进行实际职业选择的关键时期。个人需要在此期间进行职业定位，并初步规划职业发展路径。

3. 职业适应阶段

职业适应阶段通常在就业后的 1～2 年内。这一时期是对个人职业能力的实际检验，要求个人从择业者迅速转变为职业工作者，适应新的角色和工作环境，为职业生涯稳步发展打下基础。

4. 职业稳定阶段

职业稳定阶段一般从 20～30 岁开始，持续到 45～50 岁。这一时期是职业生涯的核心阶段，是个人获得事业成就和社会地位的关键时期。个人可能会经历职业发展的稳定期、阶段性成功，也可能或遭遇发展瓶颈和中年职业危机。

5. 职业衰退阶段

职业衰退阶段通常从 45～50 岁开始，持续到 55～60 岁。这一时期由于生理条件的变化，个人能力逐渐减退，心理需求也逐步降低，个人更多地希望维持职业现状的稳定，而非追求新的职业高峰。

6. 职业结束阶段

职业结束阶段通常在 60 岁前后。这一时期人们由于年老或身体状况，逐渐丧失职业能力和兴趣，最终结束职业生涯。这一阶段标志着职业生涯的自然终结，个人将逐步退出职场。

通过了解这些阶段，可以更好地进行职业生涯规划，确保每个阶段的目标明确且符合实际情况，以便在不同的人生阶段实现职业目标。

二、制定职业生涯规划的常用技术

（一）SWOT 法

通过 SWOT 分析，我们能够深入了解自身的能力、职业偏好以及面临的职业机会和威胁，这有助于制定更加合理的职业生涯规划。以下是 SWOT 分析在职业规划中的应用。

1. 优势分析（S）

在优势分析中，我们关注自己的长处和优点，尤其是那些相较于他人具有优势的方面。分析主要包括三个方面：首先，回顾过去的经历和经验，如在校期间担任的职务、参与的实践活动以及获得的各种奖项；其次，审视在学习和培训中掌握的知识和技能，包括自学的内容和独特的专长；最后，总结最成功的经历，并分析其成功原因是偶然因素还是必然结果。这些分析有助于我们深入挖掘个人的优势和内在动力。

2. 劣势分析（W）

劣势分析旨在识别自己相对于竞争对手的不足之处。首先，分析个人性格中的弱点，如不善交际或情绪化等。一个独立性强的人可能难以与他人默契合作，而优柔寡断的人则可能难以承担领导职责。卡耐基曾指出，人性的弱点并不可怕，关键在于正确认识并寻找弥补和克服的方法。其次，找出人生经历中的欠缺，如多次失败或对某些领域的不熟悉。这些不足并不可怕，可怕的是未能正视问题而盲目自信。

3. 机会分析（O）

机会分析关注的是有利于职业发展的外部因素。首先，分析社会大环境，如当前政治、经济、科技和文化的发展趋势是否有利于所选职业的发展，以及这些趋势具体在哪些方面提供机遇；其次，分析所选职业的行业环境，如行业中的地位、发展趋势、市场状况、职位空缺以及所需条件；最后，分析人际关系网络，识别哪些人可能对职业发展有帮助，并思考如何维持与他们的良好联系。

4. 威胁分析（T）

威胁分析旨在评估可能影响职业发展的潜在风险。例如，国家高等教育改革（学校扩招）对高职院校毕业生就业的影响，或用人单位人才消费观念的变化对就业市场的冲击。

通过这些分析，可以明确职业生涯中的潜在威胁，并制定相应的应对策略。

通过以上四个方面的综合分析，我们可以绘制出一幅清晰的职业生涯前景图。在运用SWOT分析法进行职业生涯决策时，需要全面考虑各种因素，权衡利弊，从而选择最优的职业生涯发展路径。

在完成SWOT分析后，制定行动计划的关键在于如何利用优势、弥补劣势、抓住机会以及规避威胁。通过系统分析，将各种因素进行匹配和组合，可以制定出多种可行的策略。

（1）W-T对策：劣势与威胁的应对策略。针对自身的劣势和外部的威胁，应采取有效措施将这些因素的影响降到最低。例如，如果学术成绩不理想，则需要加倍努力学习以提升成绩；若某一职业要求丰富的实践经验，则应积极参加实习和社会活动，以弥补经验上的不足。

（2）W-O对策：劣势与机会的应对策略。在面对劣势和机会并存的情况时，应努力减少劣势的影响，同时扩大机会。例如，如果专业水平不够高，但某职业需要复合型人才，可以通过加强跨学科知识的学习和综合素质的提升来弥补这一不足，从而把握住机会。

（3）S-T对策：优势与威胁的应对策略。利用自身优势来应对外部威胁，将优势最大化，威胁最小化。例如，虽然具备丰富的专业知识和技能，但在同专业的竞争中不突出，那么可以进一步突出自己的独特优势如创新能力或团队协作能力等，以提高竞争力。

（4）S-O对策：优势与机会的应对策略。充分利用自身优势和外部机会，将两者最大化。例如，如果对某职业兴趣浓厚，并且在该领域有广泛的人际关系网络，那么应抓住机会充分展示自己的才能，积极拓展职业发展路径。

在选择职业时，应根据对自身条件和外部环境的综合分析，制定出符合实际情况的职业发展目标。可以构建一个SWOT分析模型，列出毕业后最希望实现的四至五个职业目标。再根据优势、劣势、机会和威胁的评估结果，明确最符合自己实际情况的职业生涯发展路径。

尽管进行个人SWOT分析需要投入一定的时间和精力，但这一努力是值得的。详尽的个人SWOT分析可以提供连贯、实际可行的职业策略。在当今竞争激烈的市场经济社会中，拥有一份兼具挑战性和乐趣且薪酬丰厚的职业是很多人的梦想。然而，实现这一梦想并非易事。因此，为了提高求职和职业发展的竞争力，进行个人职业生涯的SWOT分析是非常必要的。

（二）生涯愿景法

愿景涵盖多个维度，包括物质追求、个人健康、自由以及对社会和特定知识领域的贡献。这些都是人们内心深处愿望构成部分。在制定职业发展规划时，需要回答一个核心问题：你希望过怎样的生活？这正是个人生涯愿景所在。生涯愿景是个人内心深处最渴望达成的目标，它描绘了一种理想的未来图景。由于每个人在生活中都扮演着多重角色，因此生涯愿景也应是多维度的。总体而言，个人生涯愿景主要包括以下几个方面。

（1）自我形象：你希望成为什么样的人？假如状态能够成为理想中的自己，你会具备哪些特质？这是关于个人自我认知和理想状态的愿景。

（2）物质财产：你希望拥有怎样的物质财产？期望达到什么样的数量或水平？这是关于物质追求和财富积累的愿景。

（3）家庭生活：你理想中的家庭生活是怎样的？包括家庭成员间的关系、家庭生活的质量和整体幸福感。这是关于家庭氛围和亲密关系的愿景。

（4）个人健康：你对自己的健康状况、体型、运动习惯有何期望？这是关于个人身体健康和生活方式的愿景。

（5）人际关系：你希望与同事、家人、朋友及他人维持怎样的关系？这是关于人际交往和社会支持网络的愿景。

（6）工作状况：你理想中的工作环境是怎样的？希望在职业生涯中取得哪些成就？这是关于职业发展和工作满意度的愿景。

（7）社会贡献：你希望对社会作出怎样的贡献？这是关于个人社会责任和公共利益贡献的愿景。

（8）个人休闲：你期望拥有怎样的休闲生活？包括个人爱好、娱乐方式和生活的丰富性。这是关于平衡工作与生活以及追求个人成长与幸福的愿景。

在这个阶段，我们已认识到生涯规划的重要性，并愿意投入时间去规划自己的未来。然而也需要明白，有时候我们所播下的种子未必会马上发芽。因此，生涯规划不仅需要明确的目标和愿景，还需要耐心和持续的努力。

三、制定职业生涯规划的基本步骤

（一）评估自我

评估自我是大学生进行职业生涯规划的关键环节，这一过程要求个人全面、深入、客观地分析和了解自身，即"知己"的过程。评估自我主要涉及多个个人因素，包括兴趣、特长、性格、能力、价值观、学识水平、情商以及潜能等。对这些因素的分析有助于大学生全面认识自己的优缺点，并进行分类总结。具体包括以下三个方面。

1. 个性特征

处于成长期的大学生需要深入了解自己的个性特征，这包括兴趣爱好、价值观和情商水平。在当今竞争激烈的社会环境中，了解自身个性有助于实现人职匹配，即找到最适合自己的并能充分发挥才能的岗位和环境。通过自我反省和他人反馈，大学生可以更清晰地认识到自己的性格特点和情感管理能力，这对未来职业选择和发展至关重要。

2. 知识技能

大学生应对自己所学的专业知识和专业技能进行全面评估。这包括对专业课程的掌握程度、技术技能的熟练度以及理论知识的深度。通过这一评估，大学生可以明确自己在专业领域的兴趣所在，发现长处与不足，从而明确努力的方向和学习重点。这一过程不仅有助于增强自信心，还能为未来的职业生涯打下坚实的基础。

3. 社会实践

除了掌握专业知识和技能外，大学生还应积极参与社会实践活动。这有助于发现自己已经具备的可迁移技能，如沟通能力、团队合作能力和解决问题的能力等。这些实践经验有助于大学生挖掘自身的潜在能力，并制定相应的学习和训练计划，将潜力转化为实际的能力和成就。大学生的自我评估通常包括标准化评估和非标准化评估两部分。

（1）标准化评估：通过职业心理测验，大学生可以测评自己的职业兴趣、职业能力、职业性格和职业价值观。这些测验提供了相对客观的评估结果，同时也为他人了解自己提供了一份相对科学的参考依据。

（2）非标准化评估：这是通过自我反思以及他人评价（如同学、朋友、老师的评价）来了解自己的兴趣、性格特点、潜质、心理健康状况以及价值观与追求等特征的方式。此外，还可以通过分析以往的生活经历，特别是那些引以为豪的成就和对自己产生重大影响的事件，来对当前状况进行客观分析。

增加他人评价的内容，如同学、朋友和老师的意见，可以帮助验证自我评估的准确性和全面性。这种多角度的评估有助于大学生全面、客观地认识自己，为未来的职业选择和发展提供坚实的基础。

（二）评估环境

相对于自我个性探索的"知己"过程，职业环境分析则是"知彼"的过程。职业环境分析主要是评估各种职业环境因素对自身职业生涯发展的影响，旨在识别环境中的有利因素和不利因素，以便对职业生涯规划做出相应的调整。这包括职业生涯发展期的外部社会环境分析以及对所选行业和职业的内部环境分析两部分。

1. 外部环境分析

外部环境分析涵盖对政治环境、经济环境、文化环境的评估，以及对当前就业政策和就业形势的认识。通过对社会大环境的分析，可以开阔视野，了解国家的政治、经济发展趋势，以及所选职业在社会环境中的地位和社会发展趋势对该职业的影响。例如，了解国家政策对行业的支持或限制情况，经济形势对就业市场的影响，以及文化环境对职业价值观的塑造等，都有助于个人更好地适应和选择职业道路。

2. 内部环境分析

内部环境分析主要涉及行业现状及发展趋势、单位环境、职业内容等信息。具体而言，包括了解行业的整体发展情况、技术更新速度、市场需求变化以及未来前景；在单位环境中，要关注单位性质、发展前景、领导风格、组织制度和文化、工作氛围等因素；同时还需考虑单位所在城市的地理位置、发展潜力、文化特点、气候特征、风土人情等。在职业内容方面，则需了解具体的工作内容、工作地点、工作要求和职业发展路线等。这些因素都有助于大学生全面了解所选职业的实际情况，并据此做出适合自己的职业选择。

（三）确定职业发展目标

职业目标对于人生有着重要的导向作用。没有目标的人，就像在茫茫大海中航行的孤舟，没有明确的方向，不知所终。明确且适合的职业生涯目标就像是漫长职业生涯中的灯塔，为个人指引成功的方向。

职业目标是指那些可以预见并有实现可能性的目标。职业生涯规划的核心正是为了实现这些职业目标，从而获得理想的生活状态。一个人的事业成败在很大程度上取决于是否制定了正确的职业目标。职业生涯规划实际上就是为了实现这些目标而制定的详细计划和实施步骤。通常，职业目标可以分为短期目标、中期目标、长期目标和人生目标。短期目标可进一步细化为日目标、周目标、月目标和年目标。这些目标需要根据社会环境和实际情况进行必要的调整，使之更接近现实。长远目标需要经过长期的努力和奋斗才能实现，因此在设定时必须立足现实，慎重选择，并全面考虑，使目标既具现实性又有前瞻性。短期目标则更加具体，对个人的影响也更直接，是实现长远目标的重要组成部分。

成功就业的最低目标是找到一个能够接纳自己的单位，而理想的目标则是找到一个能促进自身长期发展的工作单位，以便充分发挥个人的潜力。即使工作条件再好，如果个人的能力和潜力得不到最大程度的发挥，也不能算作是成功的就业。为了确保成功就业，首先要根据自身条件设定合适的职业目标，并优先考虑这些目标实现的可能性。同时，还要做好应对首选目标未能实现的准备。一旦首选目标未能实现，应该迅速调整策略，重新寻找适合自己的目标单位，直至成功就业。

（四）分解目标

大学生在制定职业生涯规划时，需要综合考虑自身的专业背景、性格特点、气质类型和价值观，同时结合社会的发展趋势、个人最佳才能、最优性格匹配、最大兴趣所在和最有利的环境条件等因素，来确定职业目标和人生目标。随后，应将这些宏观的目标进行细化和分解，制定出相应的中期目标和短期目标，确保长期、中期和短期目标的有机结合。通过这种方式，学生就能清晰地了解自己在某个特定领域的成长路径，并明确努力方向。解决职业目标问题是职业生涯规划的关键所在，否则不仅会影响职业发展的进程，不可能错失个人成功的良机。

在设定职业目标时，首先要结合个人实际情况和社会需求，在综合考虑、全面分析和多方比较的基础上，确立一个合适的核心目标。接着，将核心目标细化为可操作的分阶段目标体系，使目标体系层次分明、便于实施。这样做有助于在逐步实现核心目标的过程中，不断调整和完善策略，确保每个阶段的目标都能得到有效执行。

在实际生活中，许多人因为盲目跟风或缺乏明确方向而错失宝贵的机会。他们可能会被眼前的短暂利益所迷惑，却因缺乏清晰的目标而难以实现真正的成就。相反，那些知道自己追求什么，并有明确目标的人，往往更容易在职业生涯中取得成功。因此，确立明确的职业目标是大学生制定职业生涯规划的关键。

一个清晰而现实的目标不仅能帮助大学生排除不必要的犹豫和干扰，使他们全心投入到目标的实现中，还能为他们提供一个明确的方向感和持续的动力。每个人都需要一个能够激励自己不断前行的目标，这个目标能够引导他们整合资源，超越个人的局限，消除疑虑和不安全感，并实现对生活意义的追求。职业生涯规划的真正目的不仅是帮助个人找到一份合适的工作，更重要的是让他们深刻了解自己，制定长远的职业发展计划，为未来的职业生涯打下坚实的基础。因此，每一位高职大学生都应当审时度势，为自己的未来进行详细的规划。有了明确的事业目标，生活就有了方向和动力。职业生涯规划就是将理想转化为现实的过程，是将对未来事业发展的美好预期变为具体行动的计划和步骤。

（五）制定大学生发展规划

为了实现职业生涯的目标，大学生需要精心制定一个详尽且可行的行动计划和执行策略。在编写具体的执行计划时，应遵循量身定制、可操作性、阶段性和发展性等基本原则，将各阶段的目标转化为具体的执行步骤。应从设定短期目标开始，针对明确的发展方向、现存的差距和有效的解决措施，制定计划并付诸实施，逐步向中期和长期规划目标迈进，最终达成个人的职业生涯目标。在这些过程中，特别建议大学生们在弥补差距时，尽量将定性的计划转化为定量的指标，以便在日后进行评估和调整。

在制定职业生涯发展计划时，不仅要以当前的职业目标为指导，还要结合自身的现状与目标之间的差距，有针对性地采取行动，以确保每一步都能有效地推进目标的实现。每个人在生活中都扮演着多重角色，如职业角色、家庭角色、不加服务角色和个人生活角色等，这些角色各自承载着不同的发展目标。因此，在制定职业生涯发展计划时，必须妥善协调各角色的目标，力求实现平衡发展。职业生涯的行动策略和计划不仅要清晰、具体和准确，还要易于执行，具有高度的可操作性和实际应用价值。

（六）实施、评估与修正

大学生正处于人生观和价值观的形成期，而社会经济、政治和文化都在频繁变化，这些不确定因素可能导致原有规划与现实状况产生偏差，因此需要对职业规划进行及时准确的调整。职业生涯规划的评估与反馈，不仅是大学生不断认识自我和适应社会的过程，也是提升职业生涯有效性的必要手段。

1. 实施过程

在职业生涯规划的实施阶段，应同时进行再评估。通过对规划实施情况的评估与修订，使其更加符合个人实际情况和社会需求，从而增强规划的可行性和有效性。该阶段主要解决两个问题：一是为职业生涯的变化做好准备；二是学习如何有效管理职业生涯。

2. 评估过程

虽然大学生在制定职业规划时考虑了多种内外、主客观因素，但随着时间的推移，这些因素可能会发生变化。为确保职业规划的可行性和有效性，必须随时评估规划的内容和成果。在规划实施过程中，可能会遇到未预见的问题和执行困难。为确保职业规划的实际效果，需要定期对执行方法进行系统评估，并在每个阶段结束后及时调整和修正计划，以适应新情况和新挑战。

3. 修正过程

在实施职业生涯规划时，需要为未来的计划修改预留足够的空间，修订的依据是每次评估后的反馈信息。进行计划反馈和修订时，应考虑以下几个因素。

（1）定期检测目标进度：定期检查预定目标的实现情况，确保规划的执行在预期轨道上。

（2）阶段性目标调整：在每一阶段目标达成后，根据实际效果对实现下一阶段目标的策略进行修订，以便更有效地达成长期目标。

（3）外部环境变化的影响：考虑到外部环境可能发生的变化，这些变化可能会影响原计划的执行效果，因此需要及时调整规划以适应新情况。

（4）持续反思与修正：一个有效的职业生涯规划不仅需要不断反省和修正目标，还需评估现有策略是否恰当，能否适应不断变化的环境。这些反思和修正过程为下一轮规划提供了宝贵的参考依据。

在评估和修正阶段，必须做到谨慎判断和果断行动。谨慎判断意味着无论环境条件如何变化，都要了解情况，进行全面分析后再做出判断。果断行动则是指在形成判断后立即采取行动，及时修订职业生涯规划，确保职业发展健康有序的进行，最终实现个人的职业理想。

第三节　撰写职业生涯规划书

一、职业生涯规划书的基本内容

职业生涯规划是个人职业发展的设计过程，需以书面形式呈现，旨在厘清思路、提供操作指引，并便于后续的评估和调整。一份全面的职业生涯规划文案应包含以下八个核心部分。

（一）标题

标题应包括个人姓名、规划的时间跨度以及具体起止时间。规划的时间长度可根据个人具体情况决定，可以是半年、三年、五年，甚至更长时间。对于大学生而言，通常建议的规划时间为三到五年。

（二）目标设定

确定职业方向、阶段性目标和长期目标。职业方向指的是个人选择从事的职业领域；阶段性目标是指在特定时间段内期望实现的具体目标；长期目标则是整个职业规划中的最终目标，设定远大的长期目标有助于激发个人潜力。

（三）个人分析

个人分析包括对个人当前状况的评估、个人发展的基本预期以及导师、家庭等其他角色的建议，这些因素都会对职业选择产生重要影响。

（四）外部环境分析

外部环境分析应涵盖政治、经济、文化、法律及职业环境等外部因素，以深入了解它们如何影响职业规划和选择。

（五）企业分析

对目标行业、职业及潜在雇主进行分析，包括公司的背景、文化、产品或服务、发展方向等关键信息。

（六）目标分解与组合

细化职业目标，分析实现这些目标的关键因素，并通过分解和组合的方法做出明确的目标选择。

（七）实施计划

找出个人在观念、知识、能力及心理素质等方面与目标之间的差距，并制定具体的步骤和计划来缩小这些差距，以逐步实现各阶段的目标。

（八）评估标准

设定衡量规划是否成功的标准。如果在实施过程中未能达到设定的目标或要求，应及时进行调整和修订。需要注意的是，文案中的内容顺序与实际规划步骤可能不完全一致。职业生涯规划通常从自我评估开始，接着是外部环境分析，最后确定职业目标。而文案则可能先展示职业方向和总体目标，再介绍自我分析和外部环境分析的结果。这是为了突出规划的核心目标，使读者更方便地理解和使用。

二、职业生涯规划书的基本要求

（一）资料翔实，步骤完善

收集资料的途径多种多样，可以通过访谈、从报刊图书中摘抄、上网下载等方式获取。在收集资料时，应尽可能地注明出处，并多运用图表数据来增强说明力，以提升资料来源的可信度和说服力。具体步骤可分为以下四步：

第一步，分析需求，分析条件及目标设定；第二步，分析阻碍因素并进行可行性分析；第三步，设计方案并制定提升（改变）计划；第四步，制订详细的实施计划和措施。

（二）论证有据，分析到位

首先，要深入了解相关的测评理论和知识，仔细审视自己的测评报告，并将其与自我认识进行对照，找出不同点。通过分析这些差异，可以找出与测评结果不一致的原因，从而进行更准确的自我评估，达到真正的"知己"。需要厘清自己所处的环境状况，包括居住地、喜爱的地点、亲朋的意见等因素。明确自己最大的兴趣所在、喜欢与之共事的人的类型、最看重的价值观与目标，以及最理想的工作条件。最后，通过对当前环境和社会形势进行评估，确定适合自己的职业方向，做到论证充分，逻辑严密，层层递进。

（三）言简意赅，结构紧凑，重点突出，逻辑严密

写作时应语言朴实简洁、用词精炼准确，确保行文流畅且条理清晰。这是写作的基本要求。此外，还要关注整篇文章的结构和重心。职业生涯规划书通常包括以下五个方面的内容：对职业规划的认识、对自我的剖析、对所学专业的理解、对职业方向的探索以及目标和计划的制定。在撰写时，应始终围绕职业目标这条主线展开分析和阐述，以保证文章的逻辑性和连贯性。重点应放在自我评估、环境评估和目标实施策略上。职业生涯规划是为自己的未来制定蓝图，只有在对自身和职业有充分了解的基础上，这个规划才能体现其科学性和可行性。

（四）目标明确，合理可行

撰写职业生涯规划书时，应紧扣中心论点展开讨论。职业生涯目标不应过于理想化，而应综合考虑"择己所爱""择己所长""择世所需""择己所利"的原则。职业生涯规划书是否成功在很大程度上取决于设定的目标是否正确、适当且可行。

（五）分解合理，组合科学，措施具体

在实现目标时，应进行合理的分解，并选择有理论依据的实现路径，同时，备用路径

之间应具备内在联系性。在进行目标组合时，需要注意时间上的并进性和连续性，以及功能上的因果关系和互补作用，确保各项措施具体可行，能有力支撑目标的实现。

三、大学生职业生涯规划书的写作方法

在撰写大学生职业生涯规划书时，选择合适的写作方法至关重要。以下是四种常见的写作方法，每种方法都有其独特的优势和适用场景。

（一）表格形式

表格形式通过将信息组织成清晰的表格结构，使内容更加直观易懂。这种方法适用于需要清晰展示职业目标、时间表和具体行动计划的情形。

1. 优点

内容清晰易读，有助于读者快速理解和比较不同选项。

2. 适用场景

适用于需要快速传达信息或进行多项比较的情形。

3. 方法

（1）设计表格结构，包含关键元素如目标、时间安排、行动步骤等。

（2）在表格中填入相关信息，如短期、中期和长期目标。

（3）使用图表（如时间线、进度条）来增强视觉效果。

（二）列表形式

列表形式通过列出要点来展示职业生涯规划的关键内容，适合需要简洁明了的表达的情形。

1. 优点

易于阅读和理解，适合快速浏览。

2. 适用场景

适用于简短介绍或概述职业规划内容的情形。

3. 方法

（1）列出职业生涯规划的核心要素，如个人兴趣、技能、价值观等。

（2）为每个要点提供简洁的描述，避免过于冗长。

（3）按照逻辑顺序排列要点，使内容易于理解。

（三）混合形式

混合形式结合了表格和列表形式的优点，提供了更全面的视角和更多细节。

1. 优点

兼具直观性和细致性，适合有深入分析的需求的情形。

2. 适用场景

适用于需要展示详细信息且希望结构清晰的情形。

3. 方法

（1）设计总体结构，包括引言、正文、结论等部分。

（2）使用表格展示关键信息，同时在正文中列出要点。

（3）加入详细的分析和背景信息，以增强说服力。

（四）论文形式

论文形式是最为全面和详细的写作方法，适用于需要深入探讨和全面阐述的情形。

1. 优点

内容详尽，逻辑严密，具有较强的说服力。

2. 适用场景

适用于需要深入研究和详细说明职业生涯规划的情形。

3. 方法

（1）确定论文结构，包括引言、文献综述、方法论、结果、讨论和结论等部分。

（2）对每个职业生涯规划要素进行详细分析，提供数据和案例支持。

（3）确保各部分逻辑连贯，形成一个完整的论证体系。

无论选择哪种写作方法，职业生涯规划书的写作关键在于清晰地表达职业目标和计划，确保规划内容可行，并通过深入的分析和评估为未来职业发展提供有力支持。选择适合的写作方法不仅有助于编写和展示内容，还能提高职业生涯规划书的有效性和影响力。

第三章

就业指导

第一节　就业信息的收集与处理

就业信息是指与高等院校毕业生就业相关的消息和情况。广义的就业信息包括国家宏观就业政策、毕业生就业形势、社会供需结构与比例、行业发展趋势、高职院校的政策制度等综合性信息。狭义的就业信息则是指用人单位发布的、择业者未知的、经过加工处理后对择业者具有实际价值的客观存在的就业资料和情报的总和。

一、就业信息获取要素与重点

(一) 就业信息获取要素

在寻找就业机会时，应重点关注以下八个方面的信息。

(1) 公司名称：了解公司的名称，可以获取其所在行业、业务领域、地理位置、企业规模和所有制形式等背景信息。

(2) 上级管理机构及发展动态：有些公司可能是由原来的事业单位转型而来的，其管理机制随之发生变化。不同的管理部门会影响劳动政策和待遇，如工资、福利、医疗保险、养老计划、住房政策等。

(3) 所属行业及前景：不同行业有不同的发展轨迹和职业机会，选择行业时要考虑其未来的增长潜力。

(4) 目标职位在公司的角色和影响：了解目标职位在公司内部的重要性，有助于判断该职位的职业发展潜力和稳定性。

(5) 工作环境和福利条件：包括人际关系、工作时间（如是否需要轮班）、工作场所（如是否在室内或户外）、合同类型（正式编制或合同工）、工作条件（如温度、湿度、噪声等）。此外，还要了解公司的薪酬结构、奖金制度、津贴福利、培训机会以及晋升空间。

(6) 地理位置和公司前景：公司的地理位置不仅影响通勤时间，还可能反映公司的运营和扩展潜力。位于交通便利、经济繁荣地区的公司通常有较好的发展前景。公司的资产规模、资金流动性、技术水平和人才结构也是衡量其未来发展趋势的重要因素。

(7) 对求职者的具体要求：这些要求可能包括学历、专业背景、性别、身高、外貌、身体素质、户口类别以及职业资格和技能水平等。部分公司可能还有要求应聘者具有良好的心理素质，或能接受频繁出差等特殊条件。

（8）招聘名额和申请程序：明确了解公司本次招聘的具体职位和数量，掌握报名的时间、地点、方式，以及需要提交的证件（如身份证、学历证书、职业资格证书等）和材料（如简历等）。

（二）就业信息获取重点

就业信息的内容十分广泛，初次择业的大学毕业生应主要了解以下两个方面的就业信息。

1. 就业政策和相关规定

大学毕业生在就业过程中需要了解国家的就业方针、原则和政策，以及相关的就业法律法规。了解这些内容，一方面可以知道自身在择业中享有哪些权利，如何利用就业政策来求职和创业；另一方面，当自身利益受到侵害时，可以利用法律武器来保护自己。

2. 就业市场供求信息

（1）毕业生与市场需求：首先要了解当前的毕业生人数和社会对劳动力的总体需求情况。分析所在地区的毕业生数量与市场需求，判断二者之间的关系是供不应求、供过于求，还是供需平衡。同时，调查各行业的需求量，找出哪些行业对人才的需求更为旺盛。

（2）用人单位信息：收集有关用人单位的全面信息，包括公司的全称、性质（如国企、民企等）、隶属或人事代理关系、规模、业务范围和地理位置等。了解单位的企业文化、产品和服务，以及人事部门的联系人和联系方式。同时，要注意单位的岗位需求和人才要求，包括薪资待遇、培训机会和晋升空间。建议求职者不仅通过电话或网络获取信息，还要尽可能多的进行实地考察，避免仅凭公司名气或地理位置作出草率决定，确保对公司有全面和客观的了解。

（3）应聘条件与流程：明确招聘岗位对求职者的知识、技能、年龄等方面的具体要求，以及应聘的程序和流程，包括报名方法、考试内容、面试流程和录用条件。这些信息有助于求职者更好地准备求职材料和面试，增加成功应聘的可能性。

二、就业信息获取原则

（一）真实性原则

由于信息来源和传递方式的多样性，信息质量不可避免地出现参差不齐，甚至存在虚假信息。因此，毕业生需要高度谨慎，确保所收集的信息准确可靠。只有在掌握真实可靠的信息后，才能作出明智的职业选择。毕业生应具备冷静分析和判断信息真实性的能力，避免浪费时间和金钱，防止人身安全受到威胁。对于不明确的信息，应及时联系用人单位或咨询有经验的人士，以获取准确的单位信息，确保所选职业与实际情况相符。此外，警惕以招聘名义骗取费用的不良中介和非法组织，防止因轻信虚假信息而遭受财务和人身损失。

（二）针对性原则

在信息爆炸的网络时代，海量的就业信息常常让毕业生无从选择。因此，毕业生应根据自己的职业发展目标，结合专业背景、个人特长、兴趣爱好、能力和性格特点，有针对性地筛选适合自己的就业信息。在就业市场上，每年都会有两到三个月是招聘信息信中发布的高峰期，这段时间是求职的黄金期。毕业生应抓住这一机会，积极主动地寻找工作。这不仅能帮助毕业生提高求职成功率，也有助于其在市场中占据有利位置。如果错过了招聘的高峰期，求职的难度会显著增加，毕业生可能会陷入相对被动的局面。因此，了解和把握就业市场的时间节点非常重要。

（三）计划性原则

收集就业信息不应等到临近毕业才开始，而是需要提前做好规划。首先，毕业生应深入了解自己，进行职业规划，明确职业发展目标和方向。其次，确定信息收集的具体方向、途径、范围和内容，制定详细的收集计划。再次，按照计划分步骤地收集信息，确保信息来源多样化。最后，对收集到的信息进行分类和整理，提取出最有价值的信息，为职业选择提供依据。

（四）全面性原则

就业信息往往是零散的，求职者难以在单一来源中获取完整的资料。因此，需要通过多种渠道和方式，如网络平台、招聘会、校友资源等，广泛收集与自身职业发展目标相关的信息。在收集过程中，要注意信息的全面性和多样性，确保能够从多个角度了解行业动态和用人单位的需求。经过深入分析和整理，提炼出相对全面的就业信息，可以帮助毕业生作出更为全面和准确的职业决策。

三、就业信息获取途径

就业信息获取途径主要指大学生可能获得有效就业信息的各种渠道。毕业生获取就业信息的渠道分为四个：政府渠道、学校渠道、市场渠道和其他渠道。

（一）政府渠道

政府渠道是获取就业信息的重要来源，主要包括国家政府就业网站、地方政府就业网站以及各类政府举办的招聘会等。政府也在就业方面做了大量工作，这些渠道提供的信息通常真实可靠。具体而言，政府会制定就业政策和相关法律法规，发布各级公务员和事业编制的招考信息，组织公益性人才交流会等。通过这些措施，政府能够掌握社会就业的整体情况，并根据大学毕业生的流向制定相应政策，引导毕业生到人才紧缺的地区和行业就业，从而实现人力资源的合理配置，促进大学生就业与经济社会发展相协调。如国家 24365 大学生就业服务平台和中国就业网，每年都会发布大量与大学生就业相关的信息，包括就业政策、行业现状、职业前景和人才需求等，并及时更新政策性报道和分析。

此外，各地的毕业生就业主管部门和人才服务机构也扮演着重要角色，它们是连接用人单位和毕业生的桥梁，为毕业生提供专业的就业服务。这些机构通常会组织各种人才交流会和毕业生供需见面会，为毕业生提供获取就业信息的机会。目前，各地政府都有固定的人才市场，这些市场可以帮助毕业生了解当前的就业形势和薪资水平，通过这些市场毕业生能够收集大量就业信息。不过，需要注意的是，这类人才市场的岗位多面向有一定社会经验的求职者，可能并不完全适合应届毕业生。因此，毕业生在利用这些资源时，应结合自身实际情况，有选择地参与。

（二）学校渠道

学校渠道是学生获取就业信息的重要途径之一，它涵盖了高职院校的官方网站和就业服务平台、学校举办的大型现场招聘会和专场招聘会，以及校内外的社会实习和实践机会。高职院校通常与政府部门、社会各界及用人单位保持着密切的合作关系，因此学生能够及时了解到国家的就业政策和法规，以及用人单位的招聘需求信息，如特岗教师计划、选调生、选聘生和大学生应征入伍等。此外，许多用人单位会到学校直接招聘毕业生，学校也会积极推荐优秀毕业生给用人单位。学校一般在每年的 9 月至 11 月和 3 月至 5 月期间举办双选会和各种专场招聘会，毕业生应密切关注学校的就业网站，以便及时获取就业信息。通过校招成功就业的学生众多，这充分说明高职院校提供的就业信息通常是及时、真实，且具有针对性的。

除了校内的招聘活动，大学生还可以通过教学实习、校内外的社会实习和实践基地等途径获取就业信息。毕业实习是学生步入社会的前奏，是工作前的实战演练，因此每个毕业生都应该充分认识到这段经历的宝贵价值。通过实习，学生不仅能让用人单位对自己有初步了解，还能加深自己对相关职业领域的认识。很多大学生在社会实践中的优秀表现，赢得了用人单位的好感和信任，从而直接获得了工作机会。因此，在参与各种社会实践活动时，大学生应当积极了解社会情况，提升思想认识和社会能力，同时抓住机会，为自己的职业生涯打下坚实的基础。

（三）市场渠道

市场渠道是获取就业信息的又一重要途径，它涵盖了职业中介机构、社会和用人单位的人才网站，以及报纸、杂志、广播、电视、网络等媒体。随着网络媒体技术的飞速发展，网络渠道因其信息量大、便捷快速、覆盖面广的特点，已成为大学生获取就业信息的主要途径之一。例如，《大学生就业》杂志定期刊登大量招聘信息，并设有"择业指导"和"政策咨询"等专栏，为毕业生提供职业指导。门户网站如搜狐、新浪等的招聘频道，以及阿里巴巴等大型平台，也常常发布招聘信息。此外，许多世界 500 强企业或大型国有企业，如 IBM、通用电气、微软、松下、宝洁、中国移动、中国联通等，通常直接在公司官网发布招聘信息。专业的求职网站如南方人才网、新华英才网等，也提供大量职位信息，毕业生可以注册账号，根据个人需求使用职位搜索引擎或订阅免费招聘信息专栏，甚至上传简历直接申请。

（1）常用招聘网站：智联招聘、前程无忧、猎聘网、脉脉、BOSS 直聘、58 同城等都是常用的招聘平台。不同平台有各自的特点和定位，毕业生应选择适合自己需求的平台。

（2）实习机会网站：针对应届毕业生的实习机会，可以使用职徒简历网、应届生求职网、牛客网和实习僧等网站，这些平台上提供的实习岗位较为丰富。

（3）意向企业的官方渠道：关注目标企业的官网和官方微信公众号，可以获取最新的招聘信息，并直接通过官网进行网申，这对应届毕业生尤为有利。

（4）求职招聘微信公众号和群组：关注一些求职招聘类的微信公众号和加入相关微信群或 QQ 群，这些平台的信息更新快且针对性强，有助于及时获取新的求职机会。

需要注意的是，网络上也存在虚假信息，因此大学生在使用这些渠道获取信息时，要保持警惕，认真核实信息，以免上当受骗。

（四）其他渠道

除了政府、市场和学校渠道外，还有其他获取就业信息的重要途径，如通过家人、朋友、老师和校友的推荐，以及在实习和社会实践中获取信息。这些渠道往往更加个性化，能提供更有针对性的信息。

（1）关系网络：对于大学生而言，亲友、老师和校友构成了一个庞大的关系网络，成为就业内推的重要渠道。这个网络中的信息一般比较准确、有针对性，因为亲友、老师和校友通常更了解毕业生的个人情况和能力，能够提供更符合毕业生需求的就业信息。例如，老师在向用人单位推荐学生时，会考虑到学生的特点和用人单位的需求，推荐的成功率较高。因此，大学毕业生在找工作时不应羞于利用这些关系网络来获取有价值的就业信息。

（2）实习和社会实践：实习和社会实践不仅是学生巩固理论知识的重要途径，也是与用人单位建立联系、相互了解的良好机会。许多大学生在实习期间表现出色，给用人单位留下了深刻的印象，从而在毕业后直接获得聘用机会。因此，实习和社会实践是获取就业信息和求职机会的一个重要渠道。

（3）直接联系：通过信件、电话访问以及上门自荐等方式获取就业信息也是常见的策略。这些方法虽然传统，但在某些情况下仍然有效。毕业生可以通过这些方式展示自己的热情和主动性，给用人单位留下良好的第一印象，从而增加就业机会。

四、就业信息处理

（一）就业信息的处理原则

（1）发挥特长与学以致用：在处理就业信息时，应优先考虑那些能够充分发挥自己专长和专业知识的机会。这样不仅能避免浪费自己的专业技能和知识，积累还能在工作中获得更大的成就感和发展空间。

（2）实事求是，脚踏实地：在求职过程中，需要对自己的能力和条件有清晰的认识。无论个人理想多么远大，都应脚踏实地，量力而行。应避免追求虚荣而选择不切实际的工作，而应找到真正适合自己性格、特质和长处的岗位。

（3）市场需求与职业选择结合：在选择职业时，既要结合个人兴趣和能力，也要充分考虑市场的实际需求。这样既能更好地满足社会需要，也能为自己找到更有发展前景的职业道路。

（4）辩证思考：应采用辩证的思维方式来分析和评估就业信息。要从历史的角度、用发展的眼光看待信息，认识到环境和条件的变化，从而作出更有远见的决策。

（5）全面对比与分析：将所获得的信息进行全面对比和分析，深入剖析不同企业和岗位的优势和劣势。通过这样的比较和分析，可以帮助自己选择最适合的就业机会。

（6）积极开拓与深入挖掘：对于那些看似普通但可能有潜在价值的信息，应进行深入研究和挖掘。信息的价值往往在于实际应用，善于挖掘和利用信息，可以获得更多的机会和资源。

（二）提防身边信息陷阱

在处理就业信息时，大学毕业生需警惕各类信息陷阱。有学者将这些陷阱分为骗财、骗色、侵犯知识产权和合同欺诈四类。

1. 骗财类陷阱

这类陷阱通常是一些单位或个人以招聘为幌子，收取高额的报名费、介绍费、培训费、考试费、体检费、装置费或上岗押金等。有时还要求求职者购买特定产品，甚至扣押其身份证和毕业证。部分单位会设定长达三至六个月的试用期，并在试用期结束时无故解雇求职者，导致他们不仅得不到应有的报酬，还错失其他就业机会。若招聘单位要求收取任何费用或押金，这通常是非法行为，求职者应向劳动监察部门举报。一旦遇到诈骗，必须立即报警，以防更多人受害。

2. 骗色类陷阱

不法分子有时会发布虚假的招聘广告，特别注明只招聘女性，并对专业和能力要求模糊，然后将应聘者约到偏僻或私密场所进行面试，企图实施不法行为。

3. 侵犯知识产权类陷阱

某些单位或个人可能会要求求职者提交文字材料、设计方案或计算机程序等作为考试或试用内容。一旦求职者提交，他们便以各种理由拒绝录用，却私下将求职者的劳动成果据为己有。

4. 合同欺诈类陷阱

实习协议、就业协议或劳动合同原本是保护劳动者权益的工具，但一些单位可能会利用应届毕业生社会经验不足的弱点，在签订这些合同时，通过欺诈、胁迫等手段设置陷阱。面对这些陷阱，毕业生需格外小心，确保所获得的就业信息真实可靠。

有效避免就业信息陷阱的关键在于仔细核查信息来源，保持高度警觉，并在遇到异常情况时及时咨询专业人士或相关部门，以获取真实有效的就业信息。

第二节　简历的撰写、制作与投递

对于大学生就业问题，资深面试官认为社会要对大学生有一个良好的引导，因为社会舆论会导致大学生对就业产生不可逆转的观念。就就业而言，做好本职工作才是最终目标，关键在于动手实践。因此，在简历和求职信中展现出自己正确的价值观、实践成果和个人能力就显得充分重要。

一、简历的撰写

求职材料是指求职者将个人的求职资历、履历等与申请职位密切相关的个人信息经过分析整理后，以清晰简要的方式表述出来的书面资料。它主要包括求职简历、求职信、应聘表格、获奖证书、作品集、就业推荐表、就业推荐信等。求职者通过求职材料，向招聘方展示自己的经历、经验、技能、成果等内容，这是招聘方在阅读后决定是否给予求职者面试机会及后续是否录取求职者的关键。在求职过程中，求职简历和求职信具有非常重要的作用。因此，应将简历和求职信的撰写、设计制作作为求职材料准备的主要内容。

（一）简历的基本内容

简历通常包括以下几个关键部分。

1. 基本情况

基本情况包括应聘者的姓名、性别、出生年月、籍贯、民族、学历、学位、政治面貌、毕业院校、专业、毕业时间以及联系方式等。这部分内容应简洁明了。

2. 求职意向

简要说明应聘者希望从事的岗位及其具备的胜任能力。

3. 学习经历

详细列出应聘者的教育背景和所学专业，通常按时间顺序倒叙排列。

4. 能力和专长

用简明扼要的语言描述自己的能力和特长，提炼出能够吸引招聘方的"卖点"，并以有力的表达方式展示出来。

5. 社会实习与实践

强调在大学期间的校内职务、校内外的实习经历和实践经验。应概述实践中的职责和收获，特别是研究生，应该突出在之前工作岗位上的成就和贡献。

6. 技能证书

列举与应聘岗位相关的资格证书，如计算机等级证、教师资格证、秘书资格证、英语等级证书等。可以按照证书的相关性或重要性排序。

7. 获奖情况

罗列所获奖项，按奖项"含金量"的高低或类别排序。校内获奖尤为重要，因为它是衡量毕业生竞争力的重要指标，也是简历中的亮点。

8. 知识结构

列出在校期间的主修课、辅修课及选修课的科目和成绩，尤其是与应聘职位相关的内容。重点突出、简明扼要即可。如果是研究生，还应包括科研成果，以展示科研能力。

（二）撰写简历的基本原则

许多求职者在撰写简历时，倾向于包含所有个人信息，这样冗长且毫无重点的简历往往难以引起招聘者的注意。一份优秀的简历应当格式规范、内容精炼，并能准确展现求职者的个人情况、能力经验和性格特长。以下是撰写简历时需要遵循的重要原则。

1. 围绕求职目标撰写原则

招聘公司寻找的是适合特定岗位的人，因此，简历应针对具体的求职目标而写。含糊和笼统的简历可能会让你错失很多机会。如果有多个求职目标，应撰写多份不同的简历，每份简历都应突出对应岗位的重点。

2. 简短而富有吸引力原则

把简历视为推销自己的广告。成功的广告通常简洁有力，重复强调重要信息。简历应尽量控制在一页以内，实习和工作内容的介绍应简洁明了。尽量使用动宾短语，使语言生动有力。在简历的开头部分，可以写一段总结性语言，陈述你在某方面最大的优势，并通过实习或工作经历加以具体说明。

3. 陈述有利信息原则

招聘者对理想的应聘者有特定要求，如教育背景、实习或工作经历、技术水平等。这些是赢得工作机会的关键因素。简历应重点突出这些关键信息，避免包含无关内容，以免影响招聘者对你的评价。

4．彰显个人优势原则

"自我评价"部分特别能彰显个人优势，通常位于"个人信息"之后，"求职意向"和"工作经验"之前，确保它显示在简历的第一屏内。撰写自我评价时，建议简明扼要，包含4～10条优势，避免冗长、格式化的描述。职场专家建议回顾自己的工作经历，挑选与所应聘岗位相关的工作能力，突出个人优势。

遵循这些原则，可以帮助求职者撰写出简洁、有力且具有针对性的简历，从而增加获得面试机会的概率。

（三）撰写简历常用的方法

1．STAR 法则撰写要点

撰写简历时，求职者应专注于展示自己的工作目标和核心能力，使用简洁明了的语言，并避免赘述无关的信息。简历的主要目的是帮助求职者获得面试机会，因此在描述实习、实践或工作经历时，采用 STAR 法则（情境、任务、行动、结果）是一个有效的方法。STAR 法则帮助求职者有条理地展示自己在特定情境下为达成某一目标所采取的具体行动及最终成果，使简历内容更具说服力和吸引力。

通过使用 STAR 法则，求职者可以清晰地展现自己的问题解决能力和实际成果，这不仅让简历更具结构性和逻辑性，也使招聘方能够更准确地评估应聘者的适岗性。在描述每份经历时，简明扼要地说明所面临的挑战、所担任的任务、所采取的具体行动以及所取得的成果，这样可以帮助招聘方迅速了解求职者的关键能力和成就。

最后，求职者在撰写简历时，还需谨慎选择和呈现自己的经历和成就。简历中的每一个的细节都可能成为面试中的话题，因此不仅要选择最能突出个人优势的内容，还要确保自己能够在面试中详尽解答这些经历。简历内容应保持真实，避免夸大，以免在面试时无法提供令人信服的回答。通过这样的方法，求职者可以有效地展示自身与职位的契合度，增加获得面试机会的概率。

2．简历核心内容撰写的"四大原则"

（1）关键词原则。在简历中多使用行业术语或专业词汇，这不仅能突出你的专业知识，还能展示你对行业的熟悉程度。例如，使用诸如"私域流量""数据分析""产品运营"等词汇，可以让 HR 迅速捕捉到你的专业能力。避免流水账式的简历，尤其是大公司 HR 在筛选简历时，通常会花很短时间（如 30 秒）进行初步筛选，无法快速获取关键信息的简历往往会被淘汰。因此，关键词的选择至关重要。

（2）动词原则。在描述工作经历时，选择准确的动词可以清晰地传达你的实际贡献和能力。例如，使用"策划""执行""协调"等动词，不仅可以具体描述你的职责，还能展示你在项目中的实际作用。这一原则同样适用于描述在校活动或其他经验，如"组织""沟通""推广"等。重要的是，内容必须真实，避免夸大自己的职责和经验，以免在面试时被 HR 质疑和识破。

（3）数字原则。在简历中使用数字量化你的成就，可以使你的经历更加具体和有说服力。数字提供了一个明确的衡量标准，比抽象的描述更具信服力。例如，你可以用具体的数字来说明你提高了销售额的百分比，或是管理了多少个项目。数字一般从三个维度来展现：价值（如提高的收入）、时间（如完成某任务所用的时间）、数量（如参与的项目数）。这些量化的内容可以更清晰地展示你的实际能力和贡献程度。

（4）结果原则。在简历中，描述经历时不应忽略结果。成果部分是展示你工作成效的关键，即使结果并不十分辉煌，也要诚实地描述你从中学到的经验和技能。例如，说明你如何应对挑战、反思与成长，都是展示你学习能力和适应性的方式。结果不一定总是杰出的业绩，有时从挫折中获得的反思和教训也非常宝贵。确保结果的描述真实可信，避免夸大或虚假陈述，如不合理的点击率数据等，以免失去 HR 的信任。

运用"四大原则＋STAR 法则"撰写简历，不仅能够突出求职者的核心亮点，还可以增加简历的吸引力。关键在于将招聘岗位的核心要求与个人能力紧密结合。例如，在申请自媒体运营公司的抖音短视频运营岗位时，了解岗位的基本要求至关重要。该岗位的核心要求通常包括成功的短视频运营经验和丰富的创意能力。这两项能力是应聘者必须具备的基础条件。此外，摄影技能、精通剪辑软件（如 PR 和 AE）以及数据分析能力（如使用 SQL）等则属于加分项。虽然这些加分项并不是必需的，但如果应聘者能够展现出这些额外技能，特别是与岗位核心要求互补的能力，那么他们将更有竞争力。例如，一个擅长短视频创意策划的应聘者，如果还能展示出专业的摄影和剪辑技术，那么无疑会令 HR 对其刮目相看。

通过运用关键词、动词、数字和结果的撰写原则，再加上 STAR 法则，简历内容可以做到简洁明了、重点突出。这种方法不仅帮助求职者详细展示他们在特定情境下的行动和成果，还确保内容真实可信，避免浮夸。通过这样的组合，简历能够清晰传达出应聘者的核心能力和附加价值，从而在竞争中脱颖而出，增加获得面试机会的概率。

（四）简历如何突出重点

简历的重点应聚焦于实习、实践和工作经历。大学生在校期间可能会参与多份兼职工作，这些经历可以展示他们的工作经验和实际成果。在撰写简历时，应明确列出工作单位的、所担任的职位名称、工作起止时间，以及具体的工作内容和性质。同时，如果在某个岗位上取得了显著成绩，应详细阐述这些成就；若未取得特别突出的成绩，也应遵循结果导向原则，展示自己在岗位上的收获和成长。例如，可以描述在工作中学到的新技能、应对挑战的经验，或是通过团队合作获得的宝贵经验。这样不仅能突出个人能力，还能展示求职者的进步和适应能力。

（五）"不合格"的简历

（1）内容不精炼，表达不切题：许多简历缺乏精炼的表达，内容分散，导致无法有效传达求职者的核心信息。

（2）过于简短或粗略：有些简历过于简单，缺少必要的详细信息，使得 HR 难以判断求职者的资历和能力。这种不充分的描述会降低获得面试机会的可能性。

（3）条理不清：简历的内容层次、结构和逻辑混乱，导致 HR 难以迅速了解求职者的经历和技能。

（4）打印或复印质量差：字迹模糊、排版不规范会给 HR 留下不专业的印象，影响简历的整体效果。

（5）使用生僻词汇，排版花哨：过于花哨的排版和使用生僻词汇可能会让简历显得不专业或难以阅读。

（6）工作意向不明确：没有清晰表明想要从事的岗位、兴趣或能力，使 HR 难以了解求职者的职业方向和期望。

尽管专业人员撰写的简历在格式和规范上可能更为标准，但往往缺乏个性化和创新性。求职者在撰写简历时，应避免以下常见禁忌。

①字号过小：不要为了把简历压缩到一页而使用过小的字号，影响阅读体验。

②长篇大论：简历应简明扼要，切中要点，避免篇幅过长和无关内容的堆砌。

③条理不清：确保简历布局合理，层次分明，避免内容重复或结构混乱。

④不严肃、轻率：撰写简历是一项严肃且重要的任务，应仔细推敲内容，确保信息准确、全面。

⑤使用稀奇古怪的词汇和花哨的排版：保持简洁和专业，避免使用生僻的词汇和过于复杂的排版。

⑥求职目标不明确：在求职意向部分，应该明确表达自己希望从事的具体岗位，避免填写过多不相关的职位，给 HR 留下目标不明确的印象。

二、HR 筛选简历的依据

简历是求职者通向理想职位的"敲门砖"，而如何写好简历是找到好工作的关键。在招聘过程中，HR 筛选简历的主要依据是求职者的经历和能力与招聘岗位的匹配度。简历中所展示的内容越能匹配岗位的需求，越容易引起 HR 的关注。

要写一份"匹配度高且合适的简历"，求职者首先应详细了解目标公司的文化、价值观和具体岗位的要求。然后，在撰写简历时，应强调自己过去的相关经历和技能，并通过适当的语言表述，使这些经历更加突出并适应岗位的需求。这样做不仅能增加简历的可读性，还能有效地吸引 HR 的注意，提升获得面试机会的的。

（一）简历与岗位匹配

（1）简历格式规范、照片符合要求，内容逻辑清晰。

（2）主要工作经历与招聘职位契合度高。

（3）具备相关技能认证，获得过相关奖项。

（二）被过滤简历的特点

（1）信息过于简单，信息项缺失。

（2）简历逻辑不清，求职意向不明确。

（3）跳槽过于频繁，岗位匹配度低。

（三）简历筛选

（1）HR 会查看简历中的关键信息，包括硬性条件、软性条件和其他条件。硬性条件主要是年龄、学历和专业，这些是岗位的基本要求。软性条件则包括求职者的过往经历和职业稳定性，这些能反映出求职者的职业态度和工作持续性。其他条件如待遇要求和居住地等，也会被考虑在内，以确保求职者的期望与公司提供的条件相符。

（2）HR 会详细审查简历中的工作内容。从求职者的实习、实践或工作经历中，HR可以评估其与应聘岗位的匹配度，以及业绩描述的真实性。工作年限和经历的深度也能展示求职者在某一领域的专业性和积累的知识技能。对于长期从业者，其职业稳定性也会受到关注，以判断求职者是否具备长期稳定的职业规划。

（3）HR 会通过简历中的信息判断求职者的职业进取心。这包括考察求职者是否在职务上有明显的升迁记录，以及薪资的变化是否显示出其能力的提升。此外，HR 还会关注求职者是否有持续学习新技能的记录，这表明其对个人发展的重视和适应新环境的能力。

（四）HR 识别虚假简历的关键要素

在筛选简历时，HR 需要警惕虚假信息，以确保候选人信息的真实性和可靠性。以下是 HR 识别虚假简历的几个关键要素。

（1）违背常理的职业发展逻辑：正常的职业发展路径通常是螺旋式上升的，如果某人在短期内出现异常迅速的晋升，这可能意味着存在夸大或虚构的情况。

（2）使用模糊性语言：求职者可能通过模糊的语言描述个人能力、教育背景、岗位职务或工作经历。这种模糊性往往是掩盖实际情况的一种方式，HR 会特别关注这种不明确的表述。

（3）与岗位不符的工作职责：有些求职者会夸大自己的岗位职责或职位级别，这与其申请的岗位要求不符。例如，一个初级职员声称自己负责高级管理职责，这就值得怀疑。

（4）时间方面有冲突：工作履历与教育经历时间的重合，或多个工作经历时间上的冲突，都是潜在的存在虚假信息的迹象。这种情况可能是求职者试图在简历上填补空白时间段的结果。

（5）与行业特征不符：如果求职者简历中写的工资水平远高于行业平均水平，这可能是虚报的标志。HR需要了解行业标准，以识别不合理的薪资要求。

（6）自我描述过于完美：如果求职者将自己描述为能力全面且水平超高，同时这些描述超出常规水平，那么很可能是虚假的。

三、简历的制作与投递

（一）简历的制作

1. 制作简历的注意事项

简历是求职者对生活、学习、工作、经历及成绩的概括。写好个人简历非常重要。一份满足职位要求、内容翔实、排版整洁的简历可以有效提升求职者获得用人单位面试邀请的概率。

常用的简历格式有两种：一种是按时间顺序，详细列出自己的学习、工作经历；另一种是根据岗位需要有选择地列出相关经历，以充分展示自己的技能和与岗位的匹配度。但对于刚从大学毕业的求职者来说，采用第一种格式更好。

在制作简历时，需要注意以下几点。

（1）内容检查与逻辑结构：简历完成后，务必仔细检查，确保逻辑清晰、条理分明。语言表达要严谨，描述要准确无误，内容之间衔接要自然合理。教育和工作经历建议采用倒叙排列，将最重要的部分置于简历的开头。同时，要避免出现错别字、语法错误和标点符号使用不当等低级错误。

（2）简历格式与字体选择：简历应打印在A4标准复印纸上，字体可选择常用的宋体或楷体，避免使用过于花哨的艺术字体或彩色字体。排版应简洁明了，不宜过于标新立异，以保持专业性和易读性。

（3）业绩和能力证明材料：如有条件，可提供简历中提及的业绩和能力的相关证明材料，并将其作为附件附在简历之后，可以采用缩印的方式。参加面试时，携带这些证明材料的原件，以供核实。

（4）联系方式的完整性：确保简历中有齐全的联系方式，包括手机号码、居住地址（暂住或家庭地址）、电子邮箱等。这有助于招聘单位及时联系求职者，安排面试或发布面试结果。

（5）简历照片选择：简历中的照片应选择一寸或两寸的彩色半身职业近照。男士宜着穿白衬衫、单色领带和黑色西装外套；女士则可选择穿带衣领的白色或浅色衬衫，加单色西装或外套。这将有助于求职者给HR留下专业且良好的第一印象。

（6）排版原则：简历的版面不应过于拥挤，也不应过于空旷。字体字号一般选择在10~12号之间。如果内容较少，为了填满一页纸，可以选择12号字体。使用暗格排版有助于保持对齐，提升整体美观度和易读性。

遵循这些要点，可以帮助您制作出一份结构清晰、内容丰富、易读且专业的简历，从而提高获得面试机会的可能性。

全文标点符号应统一规范，中文简历避免出现英文逗号、句号，英文简历避免使用中文冒号、括号、引号等。

制作简历时应遵循的原则可总结为：①内容简洁；②消灭错误；③惜墨如金；④措辞明确；⑤诚实自信；⑥强调成就；⑦文如其人；⑧赏心悦目；⑨制作精致；⑩目标明确。

2. 简历的版式设计

简历的设计应注重视觉效果，求职者如果具备多媒体界面设计的技能并应用在简历设计中，将为简历增色不少。使用主题创意设计更能让简历在众多竞争者中脱颖而出。常用的设计工具包括 Photoshop（PS）、InDesign、Flash 和手绘板等平面设计软件，以及 Word 和 Excel 等办公软件。熟练运用这些工具，不仅能为简历的制作增添专业性，还能展示求职者在实际工作中的高效能力，对未来的就业非常有益。

随着无纸化办公的普及，电子版简历逐渐取代了传统的纸质版简历。然而，转向电子版简历后，设计的难度也相应提升，特别是对于非平面设计领域的大学生而言，可能会面临技术和创意上的挑战。因此，掌握一些基本的设计技巧和工具操作方法是非常必要的，可以帮助求职者在简历中更好地展现自己的能力和个性。

3. 简历的内容

简历是求职者的第一张"名片"。在竞争激烈的职位申请中，求职者通常会面临大量的竞争者，因此简历的质量尤为重要。简历的内容和形式都必须具有吸引力，以便脱颖而出。

（1）简历内容需要简洁明了，只提炼出与所应聘岗位相关的有效信息。与岗位无关的内容应尽量避免，特别是在"基本信息"部分。HR 通常会使用计算机进行初步筛选，因此在简历中加入相关的关键字非常重要。例如，如果你应聘的是计算机相关岗位，简历中应突出如"C++、UNIX、网络、工程"等关键字。对于大学生来说，可以在描述所学课程、实习经历和实践经验时，适当地使用这些关键字，以增加简历的被选中的概率。需要注意的是，所用的关键字必须真实，不可夸大或虚构。

（2）简历必须具有针对性。求职者在撰写简历时，应根据所应聘的岗位特点，有选择地突出自身的相关技能和经验。例如，如果应聘的是销售岗位，简历中应重点展示求职者的营销技巧和沟通能力，而不是泛泛地列举所有经历和技能。这种针对性强的简历能更好地显示出求职者对岗位的理解和胜任力。

4. 简历的呈现形式

（1）Word 格式简历优缺点。

优点：简单、通用，能随时修改，使用便捷。

缺点：容易因为版本问题出现格式排版错误，显示效果可能大相径庭，甚至影响正常阅读。

（2）PDF 格式简历优缺点。

优点：PDF 可以支持所有平台的浏览，在跨平台方面表现优秀。PDF 格式不会出现排版错误，显示效果在任何平台和软件版本上都保持一致。多数 HR 比较欣赏愿意花时间把 Word 转成 PDF 格式的应聘者。

缺点：一些传统行业的人事管理部门从业人员不熟悉 PDF 文件的操作方法，或由于个人习惯更喜欢使用 Word 版本以便于标注修改等，但这种情况很少见。

（二）简历的投递

1. 现场投递简历

（1）招聘会现场投递简历。每年春秋两季是求职的高峰期，特别是秋季招聘会，这是高职院校普遍举办的大型活动。招聘会一般对外开放，不仅本校学生可以参加，其他院校的学生同样可以参加，这为应届毕业生提供了广阔的求职平台。然而，并非所有的招聘会都值得参加。求职者应提前了解参会企业的性质和招聘岗位，判断其是否与自己的求职目标相匹配。社招、校招、暑期实习招聘等类型的招聘会种类繁多，选择合适的招聘会并有准备地参加，是节约应聘成本的最佳方式。

在参加招聘会时，应首先查看现场的企业展位图，明确自己准备投递简历的企业及其具体位置，避免盲目浏览。热门企业通常会吸引大量求职者，如果这些企业是你重点关注的对象，建议在招聘会开始时就尽早投递简历，以便节省时间，为投递简历给其他企业留出时间。

排队等候期间，可以阅读企业的海报或易拉宝，深入了解公司及其招聘的岗位，找出个人与岗位的契合点。当轮到自己时，应大方地向 HR 问好，并有针对性地自我介绍，突出自己与招聘岗位的匹配。这种方式有助于 HR 心中留下深刻印象，提高获得面试机会的概率。

（2）宣讲会现场投递简历。许多企业每年都会受邀到各大院校举行校园宣讲会，这是企业宣传品牌和招聘人才的双重机会。宣讲会通常包括公司概况、发展历程和招聘岗位的介绍，部分企业会在宣讲会后直接接受简历投递，甚至安排笔试。因此，应届毕业生应密切关注目标企业的宣讲会信息，并积极参与。

在宣讲会结束后，通常会有自由交流环节。此时，不要急于投递简历，而是先与现场的部门领导或 HR 交流，询问自己感兴趣的问题，介绍自己的实习经历、实践成果、证书情况以及专业背景。这种主动互动有助于能更好地了解企业需求，并展示自己的专业素养。如果条件允许，可以请求对方留下联系方式，如名片，以便后续跟进。投递简历时，应明确标注应聘的具体岗位，以便 HR 迅速了解你的求职意向。

通过参加招聘会和宣讲会，求职者可以直接与企业代表互动，这是展示自我并获得面试机会的宝贵途径。

2. 邮件投递简历

在将个人求职简历投递至招聘公司邮箱时，为确保邮件的专业性和易读性，提高 HR 对简历的关注度，有几个关键点需要注意。

（1）邮箱设置。首先，检查自己的邮箱名称，避免使用自动生成的昵称或网络昵称等随意性较强的账户名称。邮箱名称应与求职者姓名相关，最好使用能够直接对应求职者本人的名称，如中文名全拼或缩写、英文名加中文名，或中文拼音加数字等，字符最好不超过 10 个。此外，应优先选择如 126、163 等大品牌邮箱。虽然 QQ 邮箱被广泛使用，但其正式性相对不足，建议求职者注册一个 Foxmail 邮箱或其他更正式的邮箱用于求职。

（2）邮件标题格式。邮件标题应简明扼要，突出姓名和应聘岗位，以提高 HR 打开邮件的概率。如果招聘单位对邮件标题有特定要求，必须严格按照企业规定格式命名。如果没有明确规定，建议使用"应聘职位＋姓名＋联系方式＋学历"的格式，如"应聘市场经理＋张三＋手机号码＋本科"。切忌使用模糊的标题如"个人简历"或"求职信"，也不要在一份简历中同时申请多个岗位，这样很难引起 HR 的注意。

（3）邮件正文。邮件正文切勿空白，这样会显得不专业。不要将简历内容直接复制粘贴到邮件正文，而应写一段自荐内容或求职信。求职信应针对申请的岗位撰写，尽量避免与简历内容重复，但可以强调个人的独特优势和与岗位的契合度。正文应采用书信格式，包括称谓、正文内容、结尾问候及落款，保持正式和礼貌。部分公司会通过搜索关键词来筛选邮件，因此在正文中加入相关岗位的关键词是非常必要的。

（4）邮件附件。附件通常包括简历、作品集、推荐信和其他证明材料。简历的命名格式可参考邮件主题，如"简历—张三—北京大学—市场经理"，建议使用 PDF 格式以保持排版稳定。对于设计、策划等创意类岗位，可以将作品集或研究报告以附件的形式提供，重要的作品应合并在一个文档中，不要压缩打包。推荐信可以由导师、行业专家或实习企业提供，用于评价应聘者的能力。其他证明材料包括各种能力证书和奖励证书也应上传至邮件的附件中，应确保附件内容与应聘岗位和公司要求相符，突出求职者的优势。

（5）投递前检查。投递前，务必检查简历和其他附件是否已上传，避免发送空邮件。同时，确保邮箱 ID 的正式性，最好使用真实姓名或与姓名相关的邮箱名，避免不正式的名称给 HR 留下不好的第一印象。不要将同样内容的简历群发给多家公司，这样的邮件很可能会被系统归类为垃圾邮件，从而失去被 HR 看到的机会。

3. 直接邮寄简历

在邮寄简历时，一定要确保简历页面的整洁和专业，不要出现错别字、修改痕迹或污渍等问题。简历是求职者留给 HR 的第一印象，如果连这些细节都不注意，很难让 HR 相信求职者在工作中会认真负责。邮寄简历的一个优势是，可以将证明求职者实力的材料

（如证书、推荐信等）复印后与简历一并寄给公司 HR。这些附件可以增强简历的真实性和吸引力，使求职者在众多应聘者中脱颖而出。

4. 利用招聘公司在网上发布的招聘信息直接回复求职

许多企业会在其官网发布招聘信息，并提供在线投递简历的功能。一些网站还为求职者提供了填写简历的页面模板，求职者可以在找到合适的岗位后，直接在模板中填写个人信息并保存，从而方便快捷地投递简历。

在使用在线投递功能时，求职者仍需注意招聘信息中的岗位要求，确保简历内容的针对性。即使是在网站模板中填写简历，也要突出自身的相关经验和技能，以匹配招聘岗位的需求。通过这样有针对性的简历撰写，求职者能够更有效地展示自己与岗位的契合度，提高获得面试机会的可能性。

第三节　面试的方法与技巧

面试时给面试官留下良好印象极为重要。应聘者从进门的那一刻起，面试官就开始考察其言行举止了，如握手、与人打招呼、递送简历的姿态、坐姿等，这些不经意间完成的动作都在面试的考察范围之内。有经验的人事主管在面试毕业生时，一眼就能看出应聘者的气质、个性是否适合该公司。这些素质，会在面试的言谈举止中不经意地流露出来。

一、面试的注意事项

（一）流利回答，口齿清晰

在面试过程中，求职者需要展示良好的语言表达能力。当面试官介绍情况或提出问题时，应认真倾听并逐一回答。回答时要精炼且完整，避免使用简称、方言和口头语，以免造成沟通障碍。如果对方的问题不清楚，可以礼貌地请求对方重复。当遇到不确定或无法回答的问题时，应坦诚告知，而不是含糊其辞或夸大其词，这样可以避免留下不可靠的印象。

在陈述时，求职者应注意口齿清晰、发音准确，谈吐文雅大方，同时控制好语速，确保语言的流畅性。在交流过程中，适当的点头或回应表明对面试官讲话的关注，但不要打断对方或抢答，这会显得急躁和不礼貌。良好的语言表达和沟通技巧是面试成功的关键，这样不仅能展示求职者的专业素养，还能给面试官留下深刻的好印象。

（二）语气平和，语调适当，音量适中

打招呼问候时，可以加强语气并适度带些拖音，以引起对方的注意，展现礼貌和自信。自我介绍时，建议采用平缓的陈述语气，语调适中，音量要根据面试现场情况调整，确保每位面试官都能清晰听到。通过这些细节的把握，可以有效提升表达的清晰度和感染

力，为面试表现加分。

（三）观察对方反应，及时调整

在面试中，随时观察面试官的反应是关键。如果发现面试官开始分心或表现出不感兴趣的迹象，说明当前的话题可能不符合他们的期待，此时应迅速转移到其他话题。如果面试官倾身倾听，可能意味着他们感兴趣，或者你的音量太低难以听清，需要你适当提高音量。当面试官皱眉或摇头时，可能表示你说的内容有问题或他们不同意你的观点。在这些情况下，求职者应灵活调整发言的内容和方式，包括调整语调、语气和音量，以确保最佳的沟通效果。

（四）告辞时注意礼貌

面试一般在 20～40 分钟以内结束。当面试官表示面试结束后，求职者应主动礼貌地告辞，并向面试官表达感谢之意。这不仅体现了求职者的礼貌和职业素养，也能给面试官留下良好的印象。

二、面试中的 STAR 法则

无论是简历还是面试，面试官最关注的是实习经历、校园经历以及活动经历。STAR 法则不仅适用于撰写简历，在面试过程中也同样适用。为了更好地描述经历，流利且顺畅地回答问题，在短短几分钟内个人实习、实践、工作经历恰当地叙述，并证明自己正是该职业的理想人选采用 STAR 法则是最佳策略。

在面试中，可以这样理解 STAR 法则：

S（Situation）指的是事件发生的情境，即为什么要做这件事。

T（Task）指的是整个事件中自己承担的具体任务是什么，以及自己的目标任务是什么。

A（Action）指采取什么方法，即为了完成任务，具体做了哪些事，为什么要这么做，淘汰了哪些方案及其原因。

R（Result）指最终取得的成果，包括任务目标的完成情况，个人在行动中的收获。即使你参与的项目因时间和能力限制未能完全结项，你也应侧重于总结在项目中某一项工作学到的经验、获得的教训，以及之后如何将这些经验用于其他工作中。

面试中的 STAR 法则，就是一种表述自己实习、实践、工作经历和经验的方法，是一个有逻辑、重亮点的表述模板。

（一）用 STAR 法则表述实习、实践、工作经历的优点

1. 能够对实习、实践、工作经历进行概括性总结

通过使用 STAR 法则，求职者可以在面试中有效地突出关键点，使表述内容充实且可

信度高，方便面试官迅速了解和记住应聘者的经验和能力。

？ 阐述内容清晰、有条理有逻辑

使用 STAR 法则能够帮助应聘者将回答结构化，确保内容不仅出彩，而且逻辑清晰、有条理。通过明确的情境描述（Situation）、任务说明（Task）、行动步骤（Action）和结果展示（Result），应聘者可以有条不紊地展示自己的实习、实践或工作成果。

3. 提高求职成功率

使用 STAR 法可以突显自己的能力和经验，并展示这些经验与目标职位的相关性，以提高求职成功率。通过这种方式，面试官能够清楚地看到求职者的实际能力和潜力，将你列为最适合该职位的人选之一。这种条理分明的表达方式有助于求职者在竞争激烈的求职市场中脱颖而出。

（二）STAR 法则的使用

要将 STAR 法则用在面试中，需要提前做好充分准备。

1. 按时间顺序列出实习、实践、工作的清单

大学生应将校内外的所有实习、实践和工作经历按时间顺序列出，特别是那些能够突出自己能力的经历。在这一过程中，要详细记录每段经历的主要职责和任务，这样在准备面试时能够更有针对性地选择合适的案例来展示自己的能力。

2. 挖掘亮点

在列出所有经历的细节后，应着重思考个人在这些经历中扮演的角色、所起的作用以及表面出色的地方。要特别关注那些能够凸显自己核心能力的点。对于开放性问题，如"你印象最深刻的一件事是什么？"等问题，可以提前准备好这些亮点故事。这些经过深思熟虑和精心准备的回答通常能给面试官留下深刻的印象，有助于展示应聘者的综合素质和实际能力。

3. STAR 法则的使用方法

（1）S（情境）：在面试中，描述项目或事件的背景是至关重要的。情境部分应该解释开展这个项目或事件的原因，并突出其重要性或价值。虽然大学生可能缺乏丰富的工作经验，但这并不妨碍他们在面试中展示自己的参与经历。例如，即使是规模不大的项目，只要能清楚地说明自己在其中的角色和贡献，并展示通过个人努力取得的成就，就能引起面试官的兴趣。重点在于清晰地介绍项目背景和个人参与的具体情况。

（2）T（任务）：在解释任务时，明确个人在项目或事件中所承担的具体职责和任务。将个人任务与团队的整体任务结合起来进行描述，展示你在团队中的角色。这样不仅能突出你的个人贡献，还能体现你对团队协作的理解和重视。

（3）A（行动）：在讲述个人如何完成任务时，要详细说明所采取的策略和方法。将

自己的工作从团队任务中独立出来，对特别有价值的部分进行详细解释。强调个人在行动实施过程中展示的能力和亮点，尤其是提出的新方法或新思路。如果这些创新是自己提出的，要明确指出；如果是团队合作的结果，也应如实描述。避免夸大个人成绩，保持实事求是的态度，这样即使面试官深入提问，也能从容应对。

（4）R（结果）：结果部分是展示成就的关键。清晰地说明项目或事件是否取得了成果，并用具体的数据来支撑。例如，合格率提高了多少百分比或吸引了多少流量。即使项目还未完成，或因学业等原因离开了项目，也应说明项目进展情况和自己的贡献。如果项目未达到预期效果，也要展示自己的反思过程和未来改进的想法。这样的反思不仅展示了自我意识，也表明了持续学习和改进的态度，这通常会给面试官留下深刻印象。

4. 运用 STAR 法则的注意事项

（1）结论先行：在运用 STAR 法则时，首先用一句话对整个项目或事件进行总结。总结应简洁明了，让面试官对项目或事件有一个大致了解，并简要表述最终的结果或结论。这种方法可以快速吸引面试官的兴趣，帮助他们理解接下来你要详细描述的内容。

（2）描述背景：在描述背景时，应突出项目的重要性或意义。让面试官了解项目的难度，同时明确指出所取得的成果是个人努力的结果。这不仅展示了你的参与价值，还强调了你的行动在项目中所起的关键作用。

（3）行动描述的逻辑性：在描述具体行动时，要保持逻辑性和条理性。分条列出你在项目中所做的事项和负责的内容。这样不仅能使你的叙述清晰易懂，还能帮助面试官迅速抓住重点，了解你的实际贡献。

（4）结果数据化：结果部分最好用具体的数据来说明，通过直观的数据展示个人能力。例如，可以用百分比、具体数字等来说明项目的效果、效率的提高或目标的达成情况。数据不仅能增强表述的可信度，还能更直观地展示你的成就和影响力。

三、面试的难点与应对方法

面试的主要内容是"问"与"答"。面试中面试官往往千方百计"设卡"，以提高面试难度，鉴别单位真正需求的人才。面对这种情况，应聘者需要应答得体，随机应变，并掌握应答的基本要领，以便自如地应对从不同角度、不同形式提出的问题。

（一）精神紧张及克服方法

绝大多数的毕业生在面试时都会感到紧张。在陌生的环境中被陌生人提问，且事关自己今后一段时间的发展前途，毕业生很难不紧张。适度的紧张可以促使毕业生集中注意力投入面试；但若过度紧张，则会对面试产生不利影响，应聘者可能注意力不集中，甚至可能将事先准备的内容忘记，头脑一片空白。克服紧张的方法有以下几种。

1. 充分准备

如果预感到自己在面试时可能会紧张，可以事先请相关的老师或同学扮演面试官进行模拟面试。这样可以发现自己的不足之处，并减少紧张感，提高自信心。

2. 不把面试结果看得过重

要不断提醒自己，不要过分看重一次面试的成败。应明白，自己会紧张，竞争对手也未必轻松，他们也可能出错，甚至可能不如自己。在相同的条件下，谁能克服紧张，大方、冷静、自如地回答问题，谁就更有可能脱颖而出。

3. 回答问题时不急不躁

当面试官提问后，求职者可以花 5～10s 的时间思考后再作答。在回答时，要注意语速适中，避免语速过快而导致思维跟不上表达，出现语言表达不清的情况。在面试过程中，从头到尾都应该保持不急不躁、逻辑严谨、条理清晰的状态，这样才能给人留下深刻的印象。

（二）面对不清楚的问题时的应对策略

在面试中，如果遇到自己不熟悉或不了解的问题，坦率地承认是最好的选择。默不作声或者回避问题是较差的选择，而牵强附会、假装知道则是最不可取的应对方式。

（三）没有听清面试官的问题的应对策略

如果面试官提出的问题没有听清楚，应当礼貌地请对方再重复一遍。如果仍然无法理解问题，可以委婉地询问是否指的是某个具体方面。在这种情况下，最重要的是保持诚实的态度，不要胡乱猜测或随意作答。如果确实完全不清楚问题的答案，应坦率地告诉面试官，说明自己在这个领域的知识还有待提高。这种诚实的态度通常是可以得到理解的，因为没有人可以知道所有的事情。

（四）应对说错话的办法

人在紧张时容易出现口误。例如，有一位毕业生在面试中遇到用人单位面试官的提问："你认为我们公司未来的发展前景和动力是什么？"由于紧张，他下意识地回答："我阁下认为……"面对这样的情况，许多应聘者会感到非常不安，认为自己已经说错了话，面试肯定没戏了，从而导致更大的紧张，影响后续表现。正确的应对方法是，如果口误并不影响整体表现，最好保持镇定，继续认真回答接下来的问题，而不必为此过分担忧。用人单位通常不会因为一时的口误而放弃一个有能力的候选人。

（五）面对长时间沉默的应对策略

在面试中，短暂的沉默（例如半分钟左右）是正常的，但有时面试官会故意保持长时间的沉默，以测试应聘者的心理承受能力。许多缺乏经验的求职者在这种情况下会感到不安，甚至可能说出一些不合时宜或无关紧要的话，使自己处于不利境地。最佳的应对方法是利用这个时间补充前面谈到的内容，或者安静地等待，也可以提出一些还不清楚的问题，或者进一步介绍自己的个人情况。

一些性格内向的毕业生在面试时可能只用简单的词语（如"是"或"不是"）回答问题，而没有深入展开自己的看法，这样的态度和做法通常不被用人单位所接受。而那些平时喜欢滔滔不绝地表达自己的毕业生，在面试时也应该适当控制，避免占用过多时间，影响留给面试官的整体印象。

（六）应对多位面试官同时提问的方法

当面对几位面试官同时提问时，一些缺乏经验的应聘者可能会选择部分问题来回答，这往往不能满足所有面试官的期待。在这种情况下，既要礼貌又要有条理地逐一回答问题。可以说："对不起，请允许我先回答甲领导的问题，然后再回答乙领导和丙领导的问题，可以吗？"通常回答问题的顺序应按照面试官的职务从高到低，当然，也可以按照提问的先后顺序。需要注意的是，在回答甲领导的问题时，不要讲得太多太长，以免让乙、丙领导等待过久。在回答问题时，应尽量与提问的面试官进行目光交流，同时也要适当照顾到其他面试官，让他们感到你是在和所有面试官互动。

总之，在面试中无论遇到什么情况，应聘者都应该保持冷静和镇定，不要惊慌失措。这也许是面试官有意测试你的应变能力和心理素质，只要你认真对待，这可能就是你脱颖而出的机会。

四、面试成功的六个关键因素

（一）匹配岗位需求

最有能力的人不一定是最适合岗位的人。面试时要让雇主感觉到你是他们理想中的最佳人选，与岗位需求高度匹配。

（二）展示积极的工作态度

在面试中表现出对这份工作的极大热情和兴趣，重点要放在"我能为公司做出哪些贡献"，而不是过分关注"公司能为我提供什么"，这样的态度可以让面试官认为你非常适合这份工作。

（三）展现忠诚与诚信

公司需要忠诚于团队和集体的员工。应聘者应表现出对公司和岗位的认可，并展示持续学习和提升自己的意愿，这会增强公司对你的信任感。

（四）设定清晰的长期目标

对自己的未来要有明确的规划，并展示愿意与公司共同成长的态度。这样会让面试官认为你是一个有目标和计划的人，增加他们对你的认可度。

（五）展示团队合作能力

在面试时，往往会考察应聘者的团队合作能力。应聘者可以讲述自己在过去的团队活动中积累的经验，通过具体实例说明如何与他人合作完成某个任务。

（六）情绪管理能力

人在紧张时容易说话过快，导致倾听者感到疲惫和厌烦。因此，在面试中要学会控制情绪，保持适当的语速和节奏，给人留下冷静和沉着的印象。

第四章

创新创业能力开发

第一节　创新思维

创新思维是指在已有的知识与经验的基础上，进行想象，加以构思，以新的方式解决前人未解决的问题的思维活动。培养大学生的创新思维，对于促进大学生早日成才、快速成长、多方面发展具有深远的意义。

一、创新思维的含义

创新思维不同于常规思维，它是指通过新颖和独特的方法解决问题的高级思维过程。这种思维不仅能揭示事物的本质和内在联系，还能在此基础上创造出全新的事物、产品、理论，或者发现新的规律。与感觉和直觉直接反映客观事物不同，创新思维作为人类认知的最高形式，反映了对客观事物的深刻理解和总结。目前，心理学界对创新思维有广义和狭义两种解释。广义的创新思维包括所有在提出和解决问题过程中对创新成果产生影响的思维活动。狭义的创新思维则专指在发明创造中直接产生创新方法的思维活动。总的来说，创新思维就是打破传统思维惯例，用超常规甚至反常规的方式和角度思考问题，并以新颖和独特的方法解决问题的过程。这种思维常常带来独到的见解和大胆的决策，从而取得出乎意料的效果。

二、创新思维的特征

创新思维作为一种思维活动，既有与一般思维共同的特点，又有不同于一般思维的独特之处。创新思维具有以下六个特点：

（一）独特性

思维的独特性，也叫新颖性或求异性，指的是在同样的情境中，能够产生不同于他人的想法。这种独特的思维方式是创新思维的核心。创新思维是一种突破传统、解放思想的过程，它挑战既有的规矩和习惯，对常规事物持怀疑态度，敢于否定旧框架，致力于改革和创新。在这一过程中，人们的思维异常活跃，能够从新颖的角度提出问题，探索尚未被充分认识的新领域。通过独特的见解分析问题，利用新方法解决问题，提出新假设和想象新形象，创新思维表现出独特性和创造力。因此，思维的独特性可以说是创新思维的本质和重要特征。

（二）批判性

创新思维的批判性，也被称为反思性。它建立在质疑和否定的基础上，没有质疑，就无法对传统思维模式和指导思想进行反思和批判。批判性是创新思维的核心特征之一，因为创新往往源于对既有思维框架的批判性反思。缺乏这种批判性的反思，思维就无法称之为创新思维。只有不断地反思和质疑前人的界限，突破旧有的认识和框架，才能实现真正的创新，探索新的认知领域。创新思维作为创新意识，首先是一种反思和批判的意识，甚至是一种怀疑和否定的意识。作为一种以创新为导向的思维活动，它本质上是一种反思性和批判性的思维过程。如果缺乏这种特性，创新思维就只是一个空洞的概念，无法真正实现或验证其价值。因此，创新思维的基础是对旧有思想的批判和反思需要用质疑的眼光审视前人的成果。由此可见，创新思维是在肯定中包含否定，在否定中不断推进的过程，其显著特征就是批判性。

（三）流畅性

流畅性又被称为非单一性，是指思维在面对外界刺激时能够迅速且灵活反应的能力。这种能力通过思维产生的数量来衡量，要求思维活动能够顺畅无阻、反应灵敏，并能在短时间内产生多个相关概念。流畅性反映了一个人在特定情境下思维的敏捷程度，与创新性密切相关的联系。创新思维通常以流畅性为基础，例如，在提出问题时，谁能更快地想到多种答案，谁的思维就更流畅；相反，反应速度慢的人则显示出思维不够流畅或较为迟缓。

（四）变通性

变通性指的是能够灵活地调整思路，根据时间、地点和条件的变化迅速从一种思路转换到另一种思路，或从一种情境切换到另一种情境。这种能力使人能够从多个角度和不同的视角去探索和解决问题。在 20 世纪初期，尽管发达国家已经开始使用农业机械，但始终无法研制出自动摘收番茄的设备，原因在于番茄的皮太柔软，机械手容易抓破。如何实现自动摘收番茄？有两种思维方式可以尝试：一种是努力研究控制抓力的机械，以便既能抓住番茄又不损坏它，但这种方法始终未能成功；另一种是思维的变通，即从问题的源头入手，研究如何培育出具有足够韧性、能够承受机械抓力的番茄。最终，科学家们培育出了"硬皮番茄"，使得人们可以轻松地使用机器进行番茄的收割。

（五）求异性

求异性，又称叛逆性，是指在思维过程中不断突破常规、打破固定模式，探索新的领域和事物的性质。在创新活动中，特别是在初期阶段，求异性显得尤为重要。这种思维方式强调关注事物的独特性与差异性，关注现象与本质、形式与内容的差异。通常情况下，人们容易对熟悉的现象和权威结论产生盲目信任，这种心理倾向往往成为创新和发现的障碍。而求异性思维则不受传统束缚，不盲目迷信权威，以怀疑和批判的态度看待各种事物，对既有认知进行反思和质疑，展现出一种反叛精神。求异性可以说是流畅性和变通性的高级体现，是创新思维的重要特征。它不仅体现在敢于用科学的怀疑精神审视自己和他人的知识，包括对权威论断的质疑，还体现在敢于突破惯性思维的局限，挑战常规思维，开辟新思路，坚持独立思考。通过广泛运用知识和经验，并充分发挥想象力，求异性能够激发创造性思维火花，发现前所未见的新事物。

（六）综合性

综合性是一种将对事物不同方面、部分和特性的理解整合为一个整体的思维方式，旨在把握事物的本质和规律。综合性思维并非简单的将各个部分、方面和特性的认识随意或主观地拼凑在一起，也不是机械地进行相加，而是基于这些元素之间的内在、必然和本质联系，在思维中重构整个事物的全貌。

三、创新思维模式

（一）逆向思维

逆向思维，又称反向思维，是一种通过反向审视现有事物或理论来寻找解决问题新方法的思维方式。逆向思维是创新思维中的主要形式之一。例如，在司马光砸缸的故事中，面对有人落水的紧急情况时，常规思维是"把人救出水"，但司马光运用了逆向思维，果断地用石头砸破水缸，"让水流走"，从而成功救出了小伙伴。这种思维方式打破了常规，提供了新颖的解决方案。逆向思维具有以下三个特点：

第一，普遍性。逆向思维的普遍性体现在其广泛的应用上。无论是自然科学、社会科学，还是日常生活、艺术创作，逆向思维都扮演着重要角色。这是因为世界万物皆处于对立统一之中，而这种对立统一的形式千变万化，为逆向思维提供了丰富的应用场景。从性质上的对立转换（如软与硬、高与低），到结构、位置上的互换颠倒（如上与下、左与右），再到过程上的逆转（如物质状态的变化、电磁转换等），逆向思维以多种多样的形式渗透于各个领域，展现出其普遍而强大的影响力

第二，批判性。逆向思维的批判性是其区别于正向思维的关键所在。正向思维往往遵循常规、常识和习惯，而逆向思维则勇于挑战这些既定框架，对传统、惯例、常识进行质疑。这种批判精神有助于打破思维定式，消除由经验和习惯造成的认知局限，促进思维的灵活性和创新性。通过逆向思维，人们能够发现那些被常规思维忽视或遮蔽的问题和可能性，从而开辟出新的思考路径和解决方案。

第三，新颖性。逆向思维的新颖性是其独特魅力的源泉。在循规蹈矩的正向思维模式下，人们往往只能得到一些平淡无奇、缺乏新意的答案。而逆向思维则能够打破这种束缚，从全新的角度审视问题，揭示出事物隐藏的属性、关系和规律。这种新颖性不仅体现

在思考过程的独特性和创造性上，更体现在思考结果的出人意料和令人耳目一新等方面上。通过逆向思维得出的结论和解决方案往往能够给人以深刻的启示和强烈的震撼，推动人们不断追求更高的认知水平和更广阔的思维空间。

（二）发散思维

发散思维，作为创新思维的核心要素与创造力的显著标志，其本质在于大脑在思考过程中进行广泛辐射与多维扩散。此思维模式展现出开阔的视野与无限的延展性，促使思考者能够跨越传统界限，从多维度、多层面探索问题，从而生成多样化的解决方案与独到见解。在科学探索、技术创新、经济社会策略制定及个体事业发展等领域，发散思维均扮演着不可或缺的角色，它不仅能够催生出新颖独特的构想，解决看似棘手的难题，更是推动社会进步与个人成长的重要驱动力。

（三）联想思维

联想思维，作为一种高度灵活的认知活动，其核心在于人脑记忆表象系统中不同元素间的非预设性联结。这种联结往往由某一特定诱因触发，促使思维跨越既有框架，将表面上毫无关联的事物巧妙地串联起来，进而开辟出前所未有的思维路径与创意空间。

在创新者的思维疆域里，联想思维如同一座桥梁，连接着已知与未知、传统与新颖。它鼓励人们不拘一格，勇于"由此及彼"，在看似无关的概念、现象或领域间寻找内在联系，实现思维的跳跃与升华。通过"举一反三"，联想思维能够促使个体从单一案例中提取普遍规律，进而将其应用于更广泛的情境之中；而"触类旁通"则进一步强调了联想思维在知识迁移与跨界融合中的重要作用，使创新者能够在不同领域间自由穿梭，汲取灵感，创造出独特的价值。因此，联想思维不仅是创新过程中不可或缺的工具，更是衡量创新者思维活跃度与创造力的重要指标。它以其独特的魅力与强大的功能，助力人们在探索未知的道路上不断前行，开辟出更加广阔的天地。

联想思维有以下四种形式：

第一，接近联想。这种联想方式基于事物在时间或空间上的邻近性。它引导我们从一个事物出发，联想到那些在物理距离上接近或在时间上相继出现的事物。例如，"阳春三月"这一时令词汇，自然而然地让人联想到盛开的桃花，以及春天万物复苏的美好景象。同样，从鸟类和蜻蜓的飞行机制中汲取灵感，人类发明了飞机，实现了翱翔天际的梦想；而从鱼儿在水中自由沉浮的现象中受到启发，潜水艇的发明则让我们能够深入探索神秘的海洋世界。

第二，对比联想。与接近联想不同，对比联想强调的是事物之间的对立或相反特性。它促使我们从一个事物的特征出发，联想到与之截然相反的另一事物。这种联想方式在文学创作、辩论分析以及科学研究中都有广泛应用。例如，由"朋友"这一温暖、亲近的概念联想到"敌人"，两者之间的鲜明对比激发了人们对人际关系复杂性的深刻思考。又如，水与火作为自然界中两种截然相反的元素，它们的对比联想不仅丰富了我们的语言表达，也促进了我们对自然界平衡与和谐的理解。

第三，相似联想。这种联想方式依据的是事物之间的相似性或类比关系。它鼓励我们从一个事物的特征或属性出发，联想到另一个在性质上与其接近或相似的事物。相似联想在科学研究、艺术创作以及日常生活中都发挥着重要作用。例如，当我们看到广阔无垠的大海时，很容易联想到海浪的翻滚、鱼群的游弋、轮船的航行以及海底电缆的铺设等场景。这些联想不仅丰富了我们的想象力，也为我们探索海洋资源、发展海洋经济提供了宝贵的启示。

第四，关系联想。这种关系联想是由事物之间的内在联系或相互作用所引发的联想。它要求我们在理解事物本质的基础上，进一步探究事物之间的复杂关系。这种联想方式在经济学、社会学以及历史学等领域尤为重要。例如，早期商业活动中使用的贝壳货币，其价值不仅取决于贝壳本身的大小、优劣和数量，还与其在交易过程中所扮演的角色以及所体现的社会关系密切相关。这种关系联想不仅帮助我们理解了货币的起源和演变过程，也为我们深入理解复杂和多样的社会经济制度提供了重要视角。

（四）灵感思维

灵感思维，又称作顿悟，是人们借助直觉启示，而突然迸发的一种领悟或理解的思维形式。它如同夜空中划过的流星，虽短暂却照亮了整个思维的宇宙，使诗人如笔生花，文学家文思泉涌，军事指挥家运筹帷幄之中决胜千里之外，思想战略家豁然开朗，科学家与发明家则在这一瞬间实现了从困惑到明悟的跨越。

灵感思维的独特魅力，在于如下三点。

第一，突发性。灵感如同闪电般突现，总是在人们最不经意的时刻降临，将长久以来困惑的问题瞬间化解。这种不期而至的惊喜，让人恍如隔世，感受到思维跨越障碍的震撼与美妙。在时间的洪流中，灵感以其不可预测的方式出现，为人们的思考之旅增添了无限可能。

第二，偶然性。灵感的降临充满了偶然与未知，它不受时间、地点或条件的限制，随时可能在任何情境下触发。这种难以捉摸的特性，使得灵感成为了一种珍贵而不可多得的思维资源。人们无法预测灵感何时会到来，只能保持敏锐的感知与不懈的探索，等待那决定性瞬间的到来。

第三，模糊性。灵感的闪现往往伴随着一种朦胧与模糊的感觉，它所带来的新思想、新观念或新方法，往往以一种不完整的形态呈现于人们的脑海中。这种模糊性既是灵感思维的挑战，也是其魅力所在。它要求人们在捕捉到灵感的瞬间，迅速进行深入的思考与整理，将模糊的概念转化为清晰可行的方案或理论。

（五）直觉思维

直觉思维与灵感思维在非逻辑思维领域各有特色，直觉快速、直接并具有本能意识，而灵感则在长时间探索后产生突发现象。两者在时间、情境、产生方式及结果上有所差异，直觉适用于对事物的迅速理解与判断，灵感则指向解决具体问题的创造性方案。二者相互关联，直觉为灵感提供基础，灵感又激发直觉的深刻洞察。

（六）聚合思维

聚合思维，亦称为集中思维或是收敛思维，是在已有知识与信息基础上进行逻辑推理与整合，以寻找明确且标准答案的思考方式。这种思维模式集中于将广泛的思路汇聚成焦点，进而得出唯一的正确答案，通常与解决既有问题相关联。聚合思维在面对复杂问题时能够快速筛选、评估选项，并最终选定最佳解决方案，因而对于迅速决策和解决问题至关重要。

聚合思维主要包括以下特点。

第一，同一性。其核心在于寻求统一的答案，通过分析和整合现有信息来达成共识，而非探索多元视角。

第二，程序性。这一特点体现在解决问题时遵循一定的步骤和流程，确保过程有序、逻辑清晰，便于他人理解和验证。

第三，比较性。在聚合思维应用过程中，会对比多种可能的解决方案或路径，以挑选出最优选项。这不仅要求对各种方案有深入理解，还需具备评价和选择的能力。

聚合思维在实际应用中广泛用于科学研究、技术开发、商业决策、教育评估等多个领域。例如，在科学研究中，研究者通过聚合思维整合现有的实验数据和理论框架，形成新的科学理论或解释；在商业决策中，管理者利用聚合思维整合市场分析、财务数据和消费者反馈，以制定策略和预测趋势。通过这种方式，聚合思维不仅能够高效地解决问题，还能促进创新和优化决策过程。

四、影响创新思维的主要障碍

影响创新思维的障碍众多，既有主观障碍，又有客观障碍。在探讨这些障碍时，我们不得不深入剖析那些深植于个体思维深处的种种桎梏。这些障碍，无论是主观上的思维还是客观上的，都在不同程度上制约了人们的创新思维与创造力的发展。

（一）传统观念的束缚

传统观念，作为在历史长河中沉淀下来的认知框架，往往成为创新道路上的第一道难关。它凭借其深厚的实践基础和社会认同感，牢牢固地占据着人们的思想高地，导致人们在面对新问题时，倾向于沿用旧的观念和方法，而非勇于探索未知领域。这种因循守旧的心态，无疑是对创新思维的最大阻碍。因此，要激发创新思维，就必须勇于挑战传统，敢于突破陈规，以开放的心态接纳新事物、新思想。

（二）固定思维的局限

固定思维则是在特定领域内形成的认知定式，它同样对创新思维造成了限制。当问题超出原有认知框架时，人们往往难以跳出固有的思维模式，继续用老眼光看待新问题，这无疑会束缚思维的灵活性和创造性。大学生创业过程中，对资金成本的考虑便是一个典型例子。若仅局限于固定的资金观念，而忽视了未来市场的预见性和灵活性，就很难在激烈的市场竞争中脱颖而出。因此，培养灵活的思维方式，学会从多角度审视问题，是克服固定思维局限的关键。

（三）思维定式的消极影响

思维定式，作为人们长期实践经验的总结，对于解决常规性问题具有积极作用。然而，在创新领域，它却可能成为阻碍创新思维发展的绊脚石。思维定式导致人们在面对新问题时，习惯性地沿用旧思维模式和解决方案，从而限制了思维的发散性和创造性。为了冲破思维定式的束缚，我们需要有意识地进行反定式思维训练，即从不同方向和角度审视问题，敢于质疑既有认知，勇于探索未知领域。只有这样，才能激发出创新思维的火花，为创新活动注入源源不断的活力。

五、突破创新思维障碍的对策

创新思维障碍的根源在于创新主体的心智模式，并受到创新主体知识、经验和个人素质的制约。因此，突破创新思维的障碍，既要注重反思和探寻创新主体的心智模式，又要加强对创新主体创新思维原理的学习和训练。对创新主体来说，突破创新思维障碍的主要途径有以下三个方面。

（一）培养怀疑与批判精神

怀疑与批判精神是创新思维的催化剂。创新主体应时刻保持对既有观念、理论及实践的审慎态度，勇于挑战权威，不畏惧对任何事物的既有认知进行质疑。这种精神不仅要求对外界敢于质疑，更重要的是对自我的不断反思与批判。通过自我审视，创新主体能够识别并摆脱潜意识中的传统束缚和固定观念，从而在不断的怀疑与批判中开辟新的思维路径，实现真正的创新。

（二）克服胆怯心理，勇于面对

创新之路从来都不是一帆风顺的，它充满了未知与风险。创新主体在面对挑战时，必须学会克服胆怯心理，勇于接受可能的失败与挫折。这需要一种积极的心态，即将错误视为成长的垫脚石，将失败视为通往成功的必经之路。通过正面应对创新过程中的不确定性，创新主体能够逐渐建立起对失败的免疫力，更加坚定地追求创新目标。同时，这也要求创新主体具备坚韧不拔的毅力，不断尝试，直到找到突破性的解决方案。

（三）掌握并运用创新思维的原理和方法

现代创造学为我们提供了丰富的创新思维的原理和方法，如逆向思维、发散思维等。

这些原理和方法不仅能够帮助创新主体打破思维定式，还能引导他们从不同角度审视问题，发现新的解决方案。创新主体应主动学习并熟练掌握这些工具，将其融入日常的思考与实践中。通过有意识地运用这些创新思维原理和方法，创新主体能够更有效地抵制传统观念、固定观念及思维定式的干扰，实现思维的持续创新与发展。

六、培养创新思维的途径及方法

培养创新思维的途径及方法是一个系统性工程，旨在激发个体的内在潜能，促进其形成持续且富有成效的创新能力。以下是对相关途径的进一步拓展与深化。

（一）积累丰富知识

1. 深化专业知识与拓宽视野并重

在积累知识的过程中，不仅要深入钻研主导专业，掌握其核心理论与前沿动态，还要广泛涉猎相关领域的知识，形成跨学科的知识体系。跨学科的知识融合往往能激发出新的思维火花，为创新提供源源不断的灵感。

2. 注重实践经验的积累

理论知识与实践经验相辅相成。通过参与项目、实验、实习等活动，将所学知识应用于实际情境中，不仅能加深个体对知识的理解，还能在实践中发现问题、解决问题，从而培养解决实际问题的能力。

（二）坚持独立思考

1. 培养批判性思维

学会对既有观念、理论进行质疑和批判，不盲目接受权威观点，而是基于事实和逻辑进行独立思考。通过提出问题、分析问题、解决问题，锻炼自己的批判性思维能力。

2. 鼓励自由表达

为自己创造一个安全、开放的环境，鼓励自己大胆表达想法，无论这些想法是否成熟或完善。通过不断的表达和交流，可以发现自己的思维盲点，进而进行修正和完善。

（三）冲破习惯束缚

1. 勇于尝试新事物

不要害怕失败或挫折，勇于尝试新的方法、新的思路。即使最终未能成功，也能从中获得宝贵的经验教训，为未来的创新奠定基础。

2. 培养创新意识

时刻保持对新鲜事物的敏感和好奇，关注行业动态和科技发展趋势，从中寻找创新的机会和灵感。同时，要敢于挑战传统观念和规则，尝试用新的视角审视问题。

（四）提高联想能力

1. 运用联想技巧

掌握并运用各种联想技巧，如类比联想、对比联想、因果联想等，将看似不相关的事物联系起来，发现它们之间的内在联系和共同规律。

2. 培养想象力

通过阅读科幻作品、观看创意广告等方式，激发自己的想象力。同时，鼓励自己进行创意写作、绘画等活动，将内心的想法和感受表达出来，进一步锻炼自己的联想能力。

（五）把握直觉和灵感

1. 保持敏锐感知

时刻关注自己的内心感受和直觉反应，学会捕捉那些稍纵即逝的灵感火花。同时，要保持对周围环境的敏感，从日常生活中寻找创新的启示和灵感。

2. 及时记录与反思

一旦捕捉到直觉或灵感，要及时记录下来并进行深入思考。通过反思和分析这些直觉和灵感的来源、内容和意义，进一步挖掘其潜在的价值和可能性。

3. 积极验证与实践

对于通过直觉和灵感获得的创新想法，要勇于进行验证和实践。通过实验、模拟等方式检验其可行性和有效性，并根据反馈结果进行调整和完善。

综上所述，培养创新思维需要多方面的努力和持续的实践。通过积累丰富知识、坚持独立思考、冲破习惯束缚、提高联想能力以及把握直觉和灵感等途径和方法，可以逐步激发个体的潜能，促进其形成持续且富有成效的创新能力。

第二节　创新能力与创业能力

一、创新能力

在知识经济时代，一个国家、一个民族的竞争力强弱，取决于其国民创新能力，特别是原创能力的高低。为了提高国家的竞争力，必须唤醒全民族的创新意识，并持续提升国民的创新能力。大学生作为社会发展的中坚力量，培养大学生的创新能力显得尤为重要。

（一）创新能力的概念

创新能力是指在实践活动中为了达到某一目标，综合运用个体所掌握的知识，通过分析和解决问题，从而获得新颖、独特且具有社会价值的新思想、新理论、新方法和新发明的能力。

1 创新能力的来源

关于创新能力的来源，存在多种学说，每种学说都试图从不同角度解释这一复杂现象。以下是对这四种学说的进一步探讨。

（1）个性说。个性说强调创新能力是人的自然属性和个性心理特征，认为每个人都有不同程度的创新潜力，只是表现形式和程度有所不同。这种观点倾向于认为创新能力并非完全依赖于外部因素，而是存在于个体之中，通过适当的训练和引导，可以激发和增强这种潜力。个性说鼓励人们关注自我，认识并克服内心的创新障碍，从而释放创新潜能。

（2）恩赐说。恩赐说将创新能力视为一种神秘而超凡的力量，仿佛是天赐的礼物。这种观点倾向于将创新能力与某种超自然或不可解释的因素相联系，认为只有少数天才才能拥有这种能力。恩赐说在某种程度上强调了创新能力的独特性和稀有性，但也容易让人产生对创新的畏惧或依赖心理，忽视了后天努力和实践的重要性。

（3）偶然说。偶然说强调创新能力的出现具有随机性和不可预测性，认为许多重要的科学发现和技术突破都源于偶然的机遇或错误，而非精心的计划和预设。偶然说鼓励人们保持开放的心态，随时准备抓住那些不期而遇的创新机会。然而，这一学说也可能导致人们过分依赖运气，而忽视持续努力和系统性思考的重要性。

（4）联结说。联结说是目前较为流行的一种学说，它强调不同领域知识之间的交叉与融合是创新的重要源泉。按照这种观点，创新往往发生在不同领域知识、技能或经验的交汇点上，通过将这些看似不相关的元素重新组合和联结，可以产生全新的思想和解决方案。联结说鼓励人们拓宽视野、跨界学习，不断探索和尝试新的组合方式，从而激发创新灵感。

2. 创新能力的内涵

创新能力是个人能力的最高形式，具体来说，它是指个人在顺利完成以原有知识、经验为基础的创建新事物的活动过程中表现出来的各种能力的总和，包括敏锐的观察能力、深邃的洞察能力、统揽全局的战略思维能力和面向未来的开拓创新能力等。可以说，创新能力是个人所有能力中最重要、层次最高的一种能力，是一种不走寻常路的魄力。在优胜劣汰、竞争空前激烈的现代社会，创新能力是制约个人、企业、社会生存和发展的核心因素。创新能力决定竞争力，创新能力决定成败。没有创新能力或创新能力低下，将无法进行发明创造并取得成果。

（二）创新能力的内容

1. 发现问题的能力

发现问题是创新的第一步。具备敏锐的问题意识，能够洞察事物背后的本质和矛盾，是启动创新思维的关键所在。创新者需要培养对周围环境的好奇心，学会从不同角度审视问题，从而发现那些被忽视或隐藏的问题点。通过提出问题，可以引导思维进入活跃状态，为后续的问题解决和创新活动奠定基础。

2. 流畅的思维能力

流畅的思维能力是创新思维的基础。它要求思维过程迅速、连贯、无障碍，能够在短时间内对复杂问题作出迅速反应，并提出多种解决方案。拥有流畅思维的人，在面对问题时能够迅速调动知识储备，灵活运用各种思维工具，使思维活动如行云流水般自然流畅。这种能力对于提升创新效率、拓展思维广度具有至关重的作用。

3. 变通的能力

变通能力是创新思维的重要特征之一。它要求创新者能够根据不同情况灵活调整思路，从一个思路迅速跳转到另一个思路，从一种意境进入另一种意境。这种能力有助于打破思维定式，拓宽思维视野，使创新者能够在多角度、多方位的探索中找到最佳解决方案。变通能力还体现在对问题的深刻理解和灵活应对上，有助于创新者在复杂多变的环境中保持竞争优势。

4. 独立创新的能力

独立创新能力是创新思维的核心要素。它要求创新者在思维实践中保持独立思考和独立判断的能力，不迷信前人、不盲从经验、不依赖已有成果。独立创新者能够自主地发现问题、思考问题，并在独辟蹊径中找到解决问题的有效方法。这种能力对于推动科学进步、促进社会发展具有重要意义，也是个人成长和成功的关键因素之一。

5. 制定方案的能力

制定创新方案是创新活动的关键环节。创新者需要根据问题的性质和目标，明确创新方向，制定切实可行的创新方案。方案应具有可操作性、前瞻性和创新性，能够引导创新活动有序开展。制定创新方案要求创新者具备全面的知识储备、丰富的实践经验和敏锐的洞察力，能够综合运用各种思维工具和方法以得到最优解。

6. 评价的能力

评价能力是创新过程中不可或缺的一环。在实施创新方案时，创新者会面临多种选择和挑战。为了选择最优方案并作出科学决策，创新者需要具备评价能力。这包括对方案的可行性、效益性、风险性等方面进行全面评估和分析，以及对不同方案之间的优劣进行比较和权衡。评价能力还要求创新者具备批判性思维和客观公正的态度，能够准确判断方案的优劣并作出明智的决策。

（三）创新能力的特征

创新能力的特征一般包括三个方面：其一，综合性，它要把人的认识能力、分析能力和判断能力等集中起来，并充分加以运用；其二，独创性，它要凭借人们的想象力，构造出前所未有的形象，打破原有的框架；其三，探究性，每一步独创、每一种想象，都存在失败的可能，因此勇于探究是人的主观能动作用的表现，也是创新能够实现的前提。

大学生的创新能力作为人类创新能力中极具活力与潜力的一部分，不仅展现了创新活动的一般性特征，还独具其特殊性，具体体现在以下所述的开发性、新颖性和价值性上。

1. 开发性

大学生的创新能力具有显著的开发性特点，这主要体现在其可塑性和对外界影响的敏感性上。大学阶段是知识积累与思维成熟的关键时期，教师的有效引导和学术素养的提升成为激发大学生创新潜能的重要因素。教师的教育方法、教育观念以及指导态度，能够极大地影响学生对创新活动的态度和参与度。同时，大学生自身的主动性、创新意愿以及原有的知识结构也是决定其创新能力能否被有效开发的关键因素。这种开发性不仅依赖于个体的内在努力，也离不开外部环境的支持与塑造。

2. 新颖性

新颖性是大学生创新能力的核心特征之一。它要求大学生在已有知识的基础上，勇于探索未知领域，敢于提出新观点、新方法。这种新颖性不仅是对现有知识的超越，更是对科学精神的践行。为了实现新颖性，大学生需要具备扎实的专业基础、广泛的知识面以及高度的主动性和创造性。同时，良好的科研氛围、丰富的资源支持也是促进大学生创新成果新颖性的重要因素。高职院校等教育机构，应努力为大学生创造这样的条件，以鼓励和支持他们的创新活动。

3. 价值性

大学生创新能力的价值性体现在其创新成果的社会和个人双重价值上。从社会价值来看，大学生的创新成果能够为社会政治、经济和文化的发展带来积极影响，是推动社会进步的重要力量。这种价值得到社会的广泛认可，体现了大学生创新能力的根本意义。从个人价值来看，创新过程本身对大学生而言是一种宝贵的成长经历。它不仅丰富了他们的知识储备，提高了他们的研究能力，还让他们从中体会到了探索的乐趣和成就感。这种个人价值的实现，进一步激发了大学生持续创新的热情和动力。

（四）大学生创新能力培养途径

大学生创新能力的形成，非单一因素影响的结果，而是多种主客观因素长期综合影响的产物。

1. 自我驱动与知识积累

大学生创新能力的首要基础在于自我驱动与深厚的知识积累。他们应主动拓宽学习领域，不仅限于专业知识，还应涉猎跨学科知识，构建多元化的知识体系。同时，培养敏锐的观察力、丰富的想象力和逻辑思维能力，这些都是创新能力的重要组成部分。通过持续的自我学习和实践锻炼，大学生能够逐步形成自主创新意识。

2. 创新创业教育的融入

高职院校应将创新创业教育融入日常教学体系，通过开设专门课程、举办讲座和工作坊等形式，系统地向学生传授创业理论、创新思维方法和商业模式设计等知识。此外，建立导师制度，为学生提供个性化指导，帮助他们明确创新方向，解决创业过程中的实际问题。创新创业教育的深入实施，为学生搭建了从理论到实践的桥梁。

3. 专业培训与实战演练

参加创新创业培训是提升大学生创新能力的重要途径。通过系统化的培训课程，学生可以提升批判性思维能力、决策能力和组织协调能力等关键素质。同时，通过撰写创业计划书、模拟路演和参加创业大赛等活动，学生能够在模拟实战中积累经验，锻炼实际操作能力。这些培训和实践为学生未来创业奠定了坚实基础。

4. 实践平台的利用

学校设立的创业园、孵化基地和实习示范基地是大学生开展创新创业实践活动的宝贵资源。学生应充分利用这些平台，参与实际创业项目，将所学知识应用于实践，积累宝贵的创业经验。通过与企业合作、市场调研等方式，学生还能深入了解行业动态和市场需求，为创新创业实践提供有力支持。

5. 文化氛围的营造

营造良好的创新创业文化氛围对于激发大学生的创新热情至关重要。学校应通过举办创新创业大赛、树立典型榜样、开放交流论坛等方式，营造积极向上的创新创业氛围。这种氛围能够激励学生勇于尝试、敢于创新，形成浓厚的创新创业风气。同时，学生之间的交流与合作也能促进思维碰撞和资源共享。

6. 综合素质的提升

创新能力的培养不仅仅是知识和技能的积累，更是综合素质的提升。大学生应注重培养自己的团队协作能力、沟通能力和领导力等软技能。这些能力在创新创业过程中同样重要，能够帮助大学生更好地与他人合作、解决问题和应对挑战。通过参与各类实践活动和社团组织，大学生可以不断提升自己的综合素质，为未来的创新创业之路打下坚实的基础。

二、创业能力

（一）创业概述

1. 创业内涵

创业具有广义和狭义之分。广义的创业是指创业者对自己已拥有的资源或通过努力能够拥有的资源进行优化整合，从而创造出更大的经济或社会价值的活动。这种活动可以是营利性的，也可以是非营利性；可以发生在经济领域，也可以发生在文化、教育、科学、政治等领域。狭义的创业是指个人或团队自主创办企业，是创业者或者团队在市场环境下发现并抓住一个商机，并通过实际行动将其转化为具体的产品或服务，以获得利益。实现价值的过程。它是以利润为导向的、有目的性的行为。这个概念包括以下四层含义。

（1）创业是一个创造的过程，创业者要付出努力和代价。

（2）创业的本质在于对创业机会的商业价值进行发掘与利用，即要创造或认识到事物的商业用途。

（3）创业的潜在价值需要通过市场来体现，市场是实现财富的渠道。

（4）创业以追求回报为目的，包括个人价值的满足与实现、知识与财富的积累等。

2．创业的类型

创业是一个不断发展变化的过程，不同领域、不同主体有不同的创业活动，因此对创业类型的划分，可以从不同的角度进行。

（1）按创业目的划分。

①生存型创业：这类创业往往是在个人面临生存压力或就业困境时做出的选择。例如，许多大学毕业生在就业市场竞争激烈的情况下，选择自主创业以解决就业问题。生存型创业者的首要目标是确保自身的生存与发展，因此他们的创业决策可能更多地受到现实条件的制约。然而，正是这种压力激发了创业者坚韧不拔的适应能力，使他们能够在逆境中寻找机遇。

②机会型创业：与生存型创业不同，机会型创业者是出于对商业机会的敏锐洞察和强烈追求而选择创业。他们通常拥有多种职业选择，但出于个人兴趣、成就感或实现更大社会价值的考虑，选择自主创业。机会型创业者更加注重创新和市场机会的把握，他们往往能够引领行业趋势，创造新的市场需求，推动经济的繁荣和发展。

（2）按创业主体的参与人数划分。

①个人创业：个人创业强调创业者个人的能力和资源。这类创业者通常具备丰富的知识、技术、人际关系和经济基础，能够独立承担创业风险，推动企业发展。个人创业的优势在于决策迅速、行动灵活，但同时也面临着资源有限、孤军奋战的挑战。

②团队创业：团队创业则强调团队成员之间的资源互补和协同合作。通过组建多元化的创业团队，可以实现知识、技术、市场等多方面的优势互补，共同应对创业过程中的各种挑战。团队创业有助于形成更强大的凝聚力和执行力，提高创业成功率。然而，团队创业也需要注意成员之间的沟通协调和利益分配问题，以及确保团队的和谐与稳定。

（3）按创业的创新程度划分。

①创新型创业：创新型创业是创业活动的最高层次。这类创业者不仅关注市场需求的变化，更致力于通过寻找技术创新、模式创新等方式开辟新的市场领域。他们勇于突破传

统束缚，引领行业潮流，为社会经济发展注入新的活力。创新型创业的成功往往需要创业者具备高度的创新意识、敏锐的市场洞察力和强大的执行力。

②模仿型创业：模仿型创业是基于已有成功模式的复制和改进。这类创业者通过观察和学习市场上的成功案例，结合自身实际情况进行创业尝试。模仿型创业的优势在于投资少、见效快、风险相对较低，适合初创者或资源有限的创业者。然而，模仿型创业也需要注意避免过度依赖已有模式，而忽视了自身的创新和发展潜力。

3. 创业的基本要素

创业是一个综合性的过程，涉及多个关键要素的共同作用。以下是创业的五大基本要素。

（1）创业者。作为创业活动的核心，创业者不仅要有坚定的创业意愿和强烈的使命感，还需具备领导才能、创新思维、市场洞察力以及良好的人际交往能力等。他们是推动创业项目从构想到实现的关键力量。

（2）市场环境。市场环境是创业活动的外部条件，包括政策法规、经济状况、社会文化、技术进步等多方面因素。创业者需深入了解市场环境，把握市场趋势，以便更好地识别和利用创业机会，规避潜在风险。

（3）创业机会。创业机会是创业成功的关键所在。它通常源于市场需求的变化、技术创新、政策调整等。创业者需具备敏锐的市场洞察力，及时发现并评估创业机会，确保项目具有可行性和市场前景。

（4）创业项目。创业项目是创业者将创业机会转化为实际行动的载体。它涉及产品或服务的定位、商业模式的设计、市场策略的制定等多个方面。一个优秀的创业项目应具备独特性、创新性、可持续性和盈利性等特点。

（5）创业资源。创业资源是创业活动顺利进行的基础，包括资金、技术、人才、信息等。创业者需根据项目需求，合理配置和整合各种资源，确保项目能够顺利推进并实现预期目标。同时，创业者还需不断拓展资源渠道，为企业的长期发展提供有力支持。

4. 创业模式

创业模式多种多样，为不同背景和需求的创业者提供了丰富的选择。主要模式包括新办企业、收购现有企业、依附创业（如加盟连锁）以及兼职创业等。对于大学生创业者而言，他们更倾向于选择那些灵活、低门槛且能够快速启动的模式。

（1）创办新企业。大学生创业者常常凭借自己的创新项目或独特想法，从零开始创立新企业。这种模式虽然挑战重重，但能够完全按照自己的愿景和理念打造企业，实现个人价值的最大化。

（2）加盟连锁品牌。通过加盟知名连锁品牌，大学生创业者可以快速获得品牌支持、成熟的管理模式和稳定的供应链资源。这种模式降低了创业风险，有助于快速进入市场并取得成功。

（3）开办网店。随着互联网的发展，电子商务成为大学生创业的热门选择。通过开设网店，他们可以突破地域限制，向更广泛的消费者群体销售产品或服务，实现低成本高效益的创业目标。

（4）代理经销。代理经销模式让大学生创业者能够代理销售某个品牌或产品，利用自己的渠道和网络进行市场推广。这种模式有助于积累销售经验，了解市场需求，并为未来自主创业打下坚实基础。

这些创业模式各有优劣，大学生创业者应根据自身条件、市场需求和资源状况等因素综合考虑，选择最适合自己的创业路径。同时，随着市场环境的不断变化和新兴技术的涌现，新的创业模式也将不断涌现，为创业者提供更多选择和可能性。

（二）大学生创业能力概述

1. 大学生创业能力概念

大学生创业能力是指正在接受大学教育的在校生，以及刚毕业尚未找到工作的学生，通过学校、社会、家庭等教育，发现和捕获商机，将各种资源组合起来，并创造更大价值的能力，即将自己的创业设想成功转化为现实的能力。根据联合国教科文组织的概念，创业能力包括意识层面和行动技能层面两方面。其中，意识层面包括首创精神和冒险精神，行动技能层面包括创业实践的能力、独立工作的能力、技术能力、社交能力和管理能力。

2. 大学生创业能力培养的结构体系

（1）大学生创业能力培养的目标。在知识经济时代，大学生作为最具活力和创新潜力的群体，是创业能力培养的理想对象。考虑到在学生正处于创业最佳年龄段，特别是其创新思维活跃、精力旺盛等，大学生创业能力培养的总体目标是通过高职院校的创业教育、国家政策支持等多种渠道，激发大学生的创业精神，丰富其创业知识，健全其创业心理，提升其创业能力。具体目标包括：引导大学生从依赖转向自主创造，培养具备创业精神、掌握创业技能的创新型人才，为我国经济社会发展注入新鲜活力。

（2）大学生创业能力培养的内容。创业活动的复杂性要求大学生具备全面的能力体系。因此，大学生创业能力培养应围绕以下几个方面展开。

第一，创业意识和创业精神培养。①强化创业意识，包括激发创业动机、明确创业目标、增强创业信念等，使大学生敢于梦想、勇于实践；②培育创业精神，如坚韧不拔的意志、勇于奉献的品质、远大的理想等，激励大学生在挑战中成长，在失败中积累经验。

第二，专业知识技能培养。①深化专业知识学习，确保大学生掌握扎实的理论基础；②加强实践技能训练，如经营管理、法律实务、实验操作等，提升解决实际问题的能力；③收集并分析创业案例，为未来创业积累宝贵经验。

第三，工作方法能力培养。①决策能力：培养大学生在复杂环境中快速合理决策的能力；②组织与管理能力：提高大学生对资源、人员、财务的有效整合与调配能力；③开拓市场能力：增强大学生识别市场机遇、推广产品和服务的能力；④创新能力：鼓励大学生勇于尝试新方法、新思路，持续创新能力。

第四，社会能力培养。①人际交往能力：学会与不同背景的人有效沟通，建立良好人际关系；②表达能力：提升口头与书面沟通技巧，清晰传达创业理念；③团队合作能力：培养协同作战、共克时艰的合作精神；④承受挫折能力：塑造坚韧不拔的心理素质，面对失败保持乐观态度，勇于从头再来。

第三节 创新型人才的重要性及培养

21 世纪需要创新型人才，而创新型人才的培养是我国教育始终关心的问题，也是新世纪教育面临的战略任务。当代大学生作为未来社会发展的中坚力量，其创新能力的激发与培养尤为重要。因此，对于创新型人才的培养，应该从基础教育抓起，学校应担负起培养具有创新品质的创新型学生的责任。

一、创新教育与创业教育

（一）创新教育

创新教育作为教育体系中的重要组成部分，其定义在学术界存在广义与狭义之分。广义的创新教育旨在突破传统应试教育的框架，通过一系列创新型教育活动，着重培养学生的创新素质和创业能力。这种教育模式强调激发学生的创造力、批判性思维以及解决问题的能力，为使学生在快速变化的社会环境中适应并引领创新实践提供坚实的基础。狭义的创新教育则更加侧重于个体层面的素质培养，目标在于塑造具有创新意识、创新精神、创新思维、创新人格及实际创造能力的个体。这一层面的创新教育不仅关注知识的传授，更重视创新能力的培养，通过课程设计、教学方法创新等手段，激发学生的内在潜能，鼓励他们勇于探索未知领域，提出新颖见解，实现个人价值的同时推动社会进步。

（二）创业教育

创业教育同样具有双重含义，适应不同层次和目标的教育需求。狭义的创业教育侧重于培养学生未来从事事业、企业、商业活动及策划等所需的综合能力。这种教育模式通过模拟创业过程、案例分析、实践操作等方式，使学生掌握市场调研、商业模式设计、资金管理、团队协作等关键技能，为他们的创业之路提供实际指导和支持。广义的创业教育则更加全面地关注学生的个人品质与综合能力的提升。它不仅要求学生具备探索精神、冒险精神和首创精神等，还强调在创业过程中展现出专业能力、社交能力和管理能力。这种教育模式致力于培养具有全球视野、社会责任感和创新精神的创业者，使他们在面对挑战时能够保持冷静与坚持，有效整合资源，引领创新潮流，为经济社会的可持续发展贡献力量。

（三）创新与创业之间的关系

创新与创业之间存在着密不可分、相互促进的关系，这一观点在经济学领域尤为重要，约瑟夫·熊彼特（Joseph Alois Schumpeter）为此提供了坚实的理论基础。熊彼特从经济学角度出发，将创新与创业紧密相连，认为创新是生产要素和生产条件的重新组合，这种组合能够带来成本结构的优化，进而产生超额利润或潜在的超额利润。这种新的生产组合不仅重塑了生产函数，还为创业活动提供了肥沃的土壤，因为创业正是在这一新的生产函数基础上建立起来的新组织。

1. 创新是创业的基础

创新为创业提供了源源不断的动力与可能性。科学技术和思想观念的持续进步，不断推动着物质生产和生活方式的变革，这些变革不仅催生了新的消费需求，也为创业活动提供了丰富的机会。无论是技术突破、知识积累还是市场洞察等创新成果，都是创业活动的起点和核心。缺乏创新，创业将失去其独特性和竞争力，难以在激烈的市场竞争中立足。

2. 创业是创新的载体

创新的价值在于将潜在的技术、知识或市场机会转化为现实的生产力，但这一转化过程离不开创业的实践。创业活动通过组织资源、开拓市场、优化运营等手段，将创新成果商品化、市场化，从而体现其经济价值和社会价值。因此，创业不仅是创新成果实现的桥梁，也是创新价值体现的舞台。通过创业，创新得以在社会经济生活中被广泛应用，推动社会进步和经济发展。

3. 相互促进，共同发展

创新与创业之间的互动关系不仅体现在基础与载体的层面，更在于它们之间的相互促进和共同发展。一方面，创业活动为创新提供了实践平台和市场需求，促使创新者不断追求新的技术突破和商业模式；另一方面，创新成果的不断涌现又为创业活动提供了更多的机会和选择，推动了创业活动的多样化和繁荣。这种良性循环不仅提升了企业或整个国家的创新能力，还促进了经济的持续增长和社会的全面进步。

二、创新创业能力概述

（一）创新创业能力的内涵

创新能力是在技术和各种实践活动领域中，不断提出具有经济价值、社会价值和生态价值的新思想、新理论、新方法和新发明的能力。创业能力则是指一个人或团队进行创业所需要的能力，具体包括开拓创新、组织沟通、风险承担等。而这两个"能力"是密切相关、不可分割的。纵览以"创新创业能力"为主题的学术论文，创新创业能力的内涵主要被阐释为三类：其一，将创新创业能力看作创新教育中培养的创新能力；其二，将创新创业能力看作创业教育中培养的创业能力；其三，将创新创业能力理解为创新能力与创业能力的结合，兼顾创新能力和创业能力，并以创业能力为落脚点。上述三类阐述其实不够全面，因为大学生的创新能力包含了创造性思维和想象力等，而创业能力包括了计划、组织和实践能力等多方面内容，因此创新创业能力是一种既具备实践能力、创新能力，又蕴含创业潜能的复合型能力。

（二）创新创业能力的培养

大学生因其思维活跃、精力旺盛的特点，被认为是最具创新精神的群体之一，因此他们是培养创新创业能力的最佳对象。通过在大学期间对大学生进行创新创业能力的培养，不仅可以使他们在专业理论知识方面得到充分的教育，还能在创新意识和创业能力方面获得全面提升。这样的培养有助于他们毕业后更好地适应快速变化的社会环境，为未来的职场生涯打下坚实的基础。

总之，大学生创新创业能力的培养，包括认识能力和实践能力两个方面。其中，认识能力涵盖了对大学生创新意识、创新思维方式、创新认知和创新精神的培养；实践能力则涵盖了对大学生动手能力的培养、创业素养的提高和创业潜力的发掘，以及为大学生提供更多的创业实践机会。

（三）创新创业能力的具体内容

为了有效提升大学生的创新创业能力，教育体系应当着重培养以下几个核心能力。

第一，创新性思维能力。创新性思维能力是创新创业活动的核心。它不仅要求大学生具备扎实的专业知识储备，更需丰富的实践经验作为支撑。在学习过程中，大学生应培养敏锐的观察能力、严谨的思辨精神和强大的逻辑思维能力，这些能力将共同构成他们创新思维的基础。通过跨学科学习、案例分析、头脑风暴等方法，可以有效激发大学生的创新思维，鼓励他们勇于突破传统框架，提出新颖见解。

第二，实践操作能力。实践是检验真理的唯一标准，也是创新创业活动的关键环节。高职院校应充分利用自身优势资源，建立创业实践基地，开设创业实践课程，组织创业实践体验活动，为大学生提供丰富的实践机会。通过实际操作，大学生可以将理论知识转化为实践能力，积累宝贵的创业经验。同时，实践过程中遇到的问题和挑战也将促使他们不断优化和创新解决方案。

第三，独立思考与判断能力。独立思考和判断能力是创新创业者必备的基本素质。高职教育应注重培养大学生自主分析问题、独立作出决策的能力。通过项目制学习、科研训练等方式，让大学生在解决问题的过程中锻炼自己的独立性和批判性思维。这种能力将帮助他们在创新创业过程中保持清醒的头脑，准确判断市场趋势，作出明智的决策。

第四，学术交流与经验积累能力。学术交流是拓宽视野、获取新知的重要途径。大学生应具备良好的学术交流能力，能够积极参与学术讨论、分享研究成果、汲取他人经验。高职院校应组织多样化的学术交流活动，如学术讲座、研讨会、工作坊等，为大学生搭建交流平台。通过学术交流，大学生可以了解行业动态、拓展人脉资源、积累宝贵经验，为创新创业活动奠定坚实基础。

第五，批判性学习能力。批判性思维是创新的重要驱动力。培养大学生的质疑和批判能力，鼓励他们勇于挑战权威、解构传统、探索未知等尤为重要。在高职教育中，教师应引导学生从不同角度审视问题，教会他们如何提出质疑、如何分析批判、如何在此基础上进行创新。这种能力将使大学生在创新创业过程中保持敏锐的洞察力和持续的创造力，不断推动项目向前发展。

三、创新创业能力培养的相关理论基础

（一）公共部门理论

公共部门作为被国家授予公共权力，旨在服务社会公众的组织，其核心特征在于其公共性与服务性。高职院校作为实施高等教育的机构，不仅承担着传授知识、培养人才的使命，也是推动社会进步、文化传承与创新的重要力量。因此，政府在处理与高职院校的关系时，需平衡好监督与支持、放权与规范等多重维度因素的关系。

首先，从公共服务的角度看，高职院校作为公共部门之一，其提供的教育服务直接关系到社会成员的切身利益。政府作为公共利益的代表，有责任确保高职院校能够持续、稳定地为社会提供高质量的教育服务。这种保障不仅体现在对高职院校的财政支持上，还包括对高等教育质量的监督与评估上，以确保教育资源的有效配置和公共教育目标的达成。

其次，高职院校虽然享有较高的自主权，但这种自主权并非无限制。作为公共部门，高职院校在行使权力的同时，也必须承担相应的责任与义务。政府通过必要的干预措施，如制定教育政策、规范教育行为等，可以有效防止高职院校滥用自主权，保障高等教育的公平性与公正性。这种干预不仅是对高职院校行为的约束，更是对其健康发展的引导与支持。

最后，随着社会的进步和高等教育普及程度的提高，接受高等教育已成为公民的基本权利之一。政府作为公共政策的制定者和执行者，有责任通过完善法律法规、加大财政投入、优化资源配置等手段，为公民提供平等接受高等教育的机会和条件。这不仅有助于提升国民素质和社会文明程度，也是实现社会公平正义的重要途径。

（二）公共物品理论

高等教育被视为准公共物品，主要基于其对国家、社会和个人的巨大影响力。从定义上讲，准公共物品是指介于纯粹公共物品与私人物品之间，既具有一定程度的非排他

性和非竞争性，又具备一定程度排他性和竞争性的物品。高等教育符合这种特性，因为它既为个人提供了知识与技能，提升个人能力，同时又对整个社会的知识积累、技术创新和经济发展产生深远影响，形成一种正外部性。这一特性意味着高等教育不仅直接服务于个体需求，还能间接促进社会整体福利的提高。在中国快速发展的经济背景下，高等教育在推动社会发展、培养创新型人才等方面的作用日益凸显，因此将其视作具有显著外溢效应的准公共物品尤为恰当。外溢性表现为高等教育投资不仅能直接带来个人收益，还能通过知识和技术的传播扩散，增加整个社会的生产力和创新能力，从而对非直接参与教育的其他社会成员产生积极影响。

（三）高等教育功能理论

高等职业教育的分级与层次化，实际上反映了高等教育体系的复杂性和多元化。这主要源自两方面的因素：一方面，市场竞争机制驱动下的高等教育资源优化配置，使得不同层级的教育机构在资源获取、教学质量和毕业生就业等方面表现出差异；另一方面，政府政策的导向与资源配置，通过财政补贴、政策扶持等手段对不同类型的高职院校进行引导和支持，形成了各具特色的高等教育格局。

（四）创新创业战略论

推动中国的创新创业战略，核心在于构建一个高效、包容且充满活力的创新生态系统，强化人才、强化基础设施建设，并在全球科技竞争中占据有利地位。具体策略如下。

第一，国际化视野与本土实践相结合。汲取全球先进经验，如美国、日本、德国等国在创新战略、人才培养、基础设施建设方面的成功做法，同时，基于中国国情进行本土化适应，形成有中国特色的创新创业路径。

第二，人才是创新的关键要素。构建以人才为中心的发展战略，包括建立人才激励机制、加强 STEM 教育、促进教育与产业合作，以及推动人才在学术界与产业界的自由流动，以激发创新潜力。

第三，完善创新基础设施。投资建设科技平台，如大数据中心、云计算平台、人工智能研发基地等，提供开放共享的科技资源，建立覆盖创业辅导、法律咨询、市场对接的创新服务体系，降低中小企业创新门槛。

第四，面向全球的科技布局。前瞻性地布局关键领域，加大在 AI（人工智能）、量子计算、生物技术等前沿领域的研发投入，加强国际合作，深化与国际顶尖机构在科技研发、市场拓展等方面的交流与合作，增强中国在全球科技竞争中的影响力。

四、创新型人才的含义及重要性

（一）创新型人才的含义

创新型人才是指那些拥有创新精神和创新能力的个体，他们通常展现出高度的积极性、持续的努力、专注的能力以及敢于冒险的特点。这类人才不仅是人类优秀文化遗产的传承者，更是科学知识的开拓者和新理论、新技术的发明者，同时也肩负着培育下一代科学家的重要使命。创新型人才的基本特质包括人格的独立性、智能的多样性、身体的健康性和心理的坚韧性，同时他们还应具备对真理不懈追求的精神以及严谨的科学态度。在现代社会，他们是驱动科技进步、经济发展和社会变革的核心力量。

（二）培养创新型人才的重要性

从时代环境的角度看，培养大学生的创新能力已经成为当务之急。知识经济的崛起标志着生产力与生产方式的战略转型，而作为知识的源泉与传播者的创新型人才，则是驱动知识经济成长的引擎和决定未来竞争力的关键因素。知识社会特性如不确定性、不可预测性、跳跃性和复杂性，不仅要求我们适应现有的生活模式，还促使我们革新生活条件，持续自我完善，更重视创新精神、创新思维和创新行动。唯有培养创新意识，进行创造性学习，方能在知识经济的浪潮中站稳脚跟。

从个人发展的角度看，创新能力的激发与培养是实现个体全面发展的必备要素。创新能力是生命活力的体现与人类本质的最高展现，与个体全面发展的需求紧密相连，是促进个体和谐发展不可或缺的部分。基于马克思主义的实践观念，人的创造力被视为人的本质属性和生存方式，是人本性的自然扩展。唯有通过创新活动，人方能成为真正的个体。而要释放这种创造潜能，教育无疑扮演着至关重要的角色。

从创新能力的本质层面看，创新能力是人与生俱来的潜力，是重新认识和解决新问题的能力。从这个角度来看，每个人都有创新能力，但其水平存在差异。因此，对大学生的创新能力进行系统培养，不仅有意义，而且必要。通过教育引导，可以激发学生的创新潜能，培养他们的创新思维，提高他们的实践能力，使他们能够在当前的知识经济中发挥重要作用。

（三）创新型人才的培养

大学生是高职院校为国家培养的高级专门人才，为了符合面向现代化、面向世界、面向未来的新时代要求，大学生应自觉地培养和提高自己的创新能力，使自己成为一名合格的大学生，为新时代中国特色社会主义建设事业贡献力量。进行创新型人才培养，可以从以下四个方面着手。

1. 营造环境

在高等教育领域，树立创新型人才至上的理念并付诸实践，对于国家长远发展至关重要。教育不仅仅是传授知识，更重要的是激发和培养创新思维，使之成为推动社会进步的重要力量。为此，我们需要构建一个既开放又充满活力的教育环境，打破传统的束缚，鼓励探索和尝试。

（1）校园环境的塑造。校园文化的影响力深远，它通过无形的力量影响着大学生的价值观和行为模式。开放型的校园管理模式有助于创建一个健康、有序且宽松和谐的学习环境。这包括但不限于丰富第二课堂的内容，如学生社团、科技兴趣小组等，提供多样化的实践平台，举办科技与技能竞赛，以此激发学生的好奇心和创新欲望。

（2）教师角色的重塑。教师不仅是知识的传递者，更是创新精神的引领者。在创新教育背景下，教师应当具备创新精神，不仅在学术研究和科技活动中勇于探索，敢于挑战传统，而且在教学过程中，要鼓励学生提出问题、挑战权威、追求独特见解，营造平等、民主的师生关系，鼓励学生大胆创新。

（3）教学计划的改革。教学计划是培养目标的体现，应着眼于创新教育的融入。这包括确立培养目标，明确创新能力的具体要求，设计有利于创新能力培养的课程体系。同时，教学不应仅限于固定的时间和空间，而是要灵活多样，提供给学生更多的自主选择权，如选课、选专业、转系、转学等，鼓励选择个性化学习和发展路径。增强学生的学习自主性，使其能够在适合自己的节奏下探索未知，逐步形成创新型人格。

2. 培养创新人格

高职教育在塑造大学生人格时，应首先关注培养其健全的人格特质，并在此基础上着重发展创新人格。大学生追求知识的热情和对未知世界的好奇心，是推动他们深入探索自然科学、人文社科乃至个人世界的内在动力。因此，教育者需在课程设计和课外活动中，巧妙地激活并增强这种好奇心和求知欲，激发学生对科学研究的兴趣和探索欲望。同时，高职院校应当致力于培养学生的科学精神，包括实证主义态度、批判性思维、敢于创新的勇气等关键品质。这些品质对于学生持续参与创新活动、成长为高素质创新型人才至关重要。通过强调实事求是的原则，鼓励学生勇于提问、挑战现有认知，培养他们面对问题时的独立思考和创新解决能力，高职教育能够有效促进学生全面发展，为社会培养出既具备扎实的专业技能，又富有创新意识的人才。

3. 培养心理素质

心理学的研究表明，良好的心理素质是创新能力发展的基础。这一观点强调了心理素质作为创新能力发展基础的重要性，尤其是在面对复杂多变的学习环境时。接下来，我们将详细探讨如何通过教育手段来提升大学生的心理素质，进而增强其创新能力。

（1）培养和强化耐挫折心理品质。当前的大学生在成长过程中往往经历较少的挑战和逆境，这导致当他们在创新活动中遇到困难和挫折时，容易产生挫败感，缺乏应对策略和持续努力的动力。因此，教育者应当有意识地通过设立适当的挑战和任务，引导学生体验失败，并从失败中学习，逐渐建立起面对困难不轻易放弃的态度。这种过程不仅能够锻炼学生的心理韧性，还能教会他们如何有效处理负面情绪，为后续的创新实践奠定坚实的基础。

（2）培养良好的人际适应能力和团结协作精神。创新活动通常需要跨学科、跨领域的合作，这就要求参与者的沟通、协调和团队合作能力达到一定的水平。通过组织团队项目、案例研究或模拟创新竞赛等形式，让学生在实际情境中学习如何与不同背景的同伴合作，共同解决复杂问题。这样的实践活动不仅能增强学生的人际交往技能，还能帮助他们理解和尊重多样性，学会倾听他人的意见并有效表达自己的观点，从而在团队中发挥积极作用。

（3）培养良好情绪和情感状态。情绪和情感状态直接影响个体的认知能力和创造力。乐观、自信、好奇和热情的情绪能激发出个体探索新知识的欲望，促进思维的灵活性和想象力。教育者可以通过开展心理健康教育、情感交流活动和积极心理学课程等方式，帮助学生认识和管理自己的情绪，建立积极的情感态度。同时，鼓励学生参与广泛的兴趣活动，如艺术、体育、科技制作等，这有助于学生拓宽视野，丰富内心世界，进而提升创新能力。

4. 激发创新精神

要激发创新精神，核心在于培养强烈的创新动机与具备深刻的批判性思维能力。创新精神的核心特质是不断追求自我突破，对现有事物保持质疑的态度，并敢于尝试革新。这种精神推动个体不仅审视现状，更展望未来，勇于探索未知领域，挑战传统观念，以独特的视角提出创新思路与解决方案。通过持续学习、实践与反思，个体可以逐渐增强自己的创新意识，培养出对事物的敏锐洞察力和创新能力，进而将想法转化为实际行动，实现创新目标。

五、"互联网＋"背景下大学生创新创业型人才的培养

（一）"互联网＋"对于大学生创新创业的现实意义

在"互联网＋"的背景下，各类生产要素资源的配置得到更加合理的安排，互联网信息技术的发展，为一个更加开放、包容和富有创意的社会环境的形成提供了条件，这对于大学生创新创业能力的培养具有十分重要的意义和作用。

1. "互联网＋"拓宽了大学生创新创业的范围

"互联网＋"模式对高职院校的人才培养和创新创业教育带来了显著变革。它打破了传统创业的大量资源限制，使得项目能够覆盖金融、医疗、交通、健身等众多领域，且创业成本大幅降低，仅需少量人员与设备的支持。这一背景为资金与资源较少的大学生提供了平等的创业机会，促进了多元化创新服务和软件的发展，极大地丰富了创新创业生态，同时这也对高职院校的教学内容、方法及资源配置提出了更高要求，促使教育体系更加贴近市场实际，注重培养学生的技术应用能力和创新思维。

2. "互联网＋"为大学生创新创业注入了新的活力

"互联网＋"为高职院校的创新创业教育带来了蓬勃生机。随着互联网技术的飞速发展，高职教育得以跨越地域壁垒，深入融入全球化的"地球村"，构建起一个资源共享、

开放互动的宏大的社会舞台。在这个舞台上，各地教师与大学生可以无障碍交流、探讨，相互促进，共同成长。此外，互联网为大学生提供了丰富多样的创新创业资讯，极大地开阔了他们的视野，提升了他们的创业技能与素质。由此观之，互联网的发展不仅为大学生的创新创业活动注入了强大的动力，而且将信息技术与创新能力的培养紧密结合，其意义深远。

3. "互联网＋"激发了大学生的创新创业意识

"互联网＋"行动计划与创新创业政策的推行，为大学生的创新创业提供了广阔平台和强烈激励，促进了他们的创新意识和创业热情。作为引领我国经济和社会发展的新趋势，"互联网＋"在大学校园展现出其独特价值，不仅搭建了大学生展示自我的舞台，还催生了广泛而深刻的创新思考。这种现象体现了"互联网＋"在多领域的影响，不仅覆盖了社会生活的各个方面，也在大学生群体中引发了深刻的变革，激发了他们的创新创业潜能。基于"互联网＋"的特性，即强调合作、共赢、开放与包容，大学生的创新创业教育应紧跟时代步伐，充分利用这一机遇，将其理念深度融入教育体系。通过培养大学生的互联网思维，帮助他们更好地适应和引领未来的发展，实现个人价值与社会需求的有效对接。

（二）基于"互联网＋"的高职院校创新创业人才培养路径

1. 发挥政府在"互联网＋"创新创业中的引领作用

政府部门作为创新创业教育的积极推动者，可以从以下三个方面来发挥主导作用。

第一，不断完善有关政策和法律法规，为大学生的创新创业提供政策支持和法律保障。国家和地方政府可以设立大学生创新创业"绿色通道"，简化各种审批手续，帮助大学生解决创业过程中遇到的难题；完善相关的法律法规，通过法律的约束，让创业者、企业、服务部门、管理机构的活动在公正的轨道上有序运行，从而减少大学生创新创业的风险。

第二，设立大学生创新创业专项基金，为大学生提供资金支持与保障。政府要鼓励各国有商业银行、城市商业银行等机构，为大学生提供小额贷款，简化手续，提供资金上的便利，解决大学生的资金难题。

第三，成立专门的管理机构，主要负责大学生与各个部门、各个行业之间的沟通协调，解决他们在创新创业过程中遇到的一些难题，如创业培训、理论指导、项目审核、法律解释、经费支持等，并定期组织创新创业教育座谈会、经验总结会，推广一些成功的案例，从而逐步探索并建立我国创新创业教育体系。

2. 全面构建高职院校创新创业人才培养主阵地

互联网的飞速发展，深刻影响了教育领域，尤其在高职教育中展现出强大的变革力。以微课、MOOC为代表的在线教育形式，不仅丰富了教学手段，还极大地拓展了教育资源的覆盖范围，使得"互联网＋"教育成为提升教学质量、促进个性化学习的重要途径。这不仅为大学生提供了全新的学习体验，更是对高职院校开展创新创业教育起到了重要推动作用，加快了培养具备跨学科综合能力、适应市场需求的创新型人才的步伐。

为了培养创新创业型人才，高职院校首先需要建设一支充满活力、富有时代感的师资队伍。这要求教师不仅要具备深厚的专业知识，还需了解最新的产业动态和技术发展趋势，能够运用互联网思维进行教学设计与实践指导。通过持续的职业培训、学术交流和实践锻炼，提升教师队伍的综合素质和教学创新能力，确保他们能够有效地引导学生探索知识边界，激发其创新创业潜能。

其次，专业设置的优化与调整至关重要。高职院校需紧跟行业发展趋势，结合地方经济特色和社会需求，合理规划专业方向，确保所培养的人才具有较强的实践能力和市场适应性。在教学计划上，强调理论与实践并重，鼓励跨学科交叉学习，培养学生解决实际问题的能力。通过与产业界的深度合作，构建"招生—培养—就业—创新创业"为一体的联动机制，实现教育与产业的无缝对接，确保人才培养目标与社会需求高度契合。

最后，为促进大学生创新创业，高职院校应当积极构建实践平台，如大学生创业指导中心、创业孵化中心等，提供丰富的资源与服务。通过举办创业大赛、工作坊、实训项目等方式，给予学生实践操作的机会，帮助他们在实践中积累经验、磨炼技能。此外，还可以引入企业导师、投资机构等外部资源，为学生提供更广阔的视野和更多的支持，激发其创新热情，助力其走向成功。

3. 鼓励企业主动承担起培养创新创业人才的第二课堂

企业作为"互联网＋"时代的主体，对于培养具备创新精神与实践能力的复合型人才具有不可替代的作用。在"互联网＋"背景下，企业不仅是提供实践机会的场所，更是推动人才成长的关键角色。通过见习、实习、岗前培训等形式，企业能够帮助大学生顺利完成从校园到职场的过渡，并快速适应"互联网＋"环境的需求。面对日益变化的人才需求结构，企业需提前规划，针对性地开展培训活动，不仅要提高新入职大学生对企业文化的理解和融入能力，还应搭建专门的"互联网＋"创新创业平台，设立科研课题、科技基金和人才培养基金，以培育出一支既能满足企业当前需求又能引领未来发展的高素质人才梯队。与此同时，企业应深化与高职院校的合作，如邀请企业家进校授课、实施订单式人才培养计划等，全面参与到人才培养过程中，补强高职院校在实践教学、适应性培训等方面的能力短板。这样的合作机制不仅能够使大学生更加贴合企业和社会的需求，还能有效提升他们的综合素质，使其在"互联网＋"时代更具竞争力。

4. 鼓励和支持大学生勇当"互联网＋"创新创业的实践者和开拓者

大学生作为社会发展的中坚力量，不仅肩负着实现中华民族伟大复兴与现代化建设的历史使命，也在"互联网＋"的时代背景下迎来了前所未有的发展契机。国家层面积极布局，推动"互联网＋"战略的实施，通过制定和完善相关政策，旨在激活经济活力，创造更多就业与创业机会。这不仅为大学生提供了广阔的舞台，更是激发了他们利用科技创新驱动发展的热情。为了把握这一黄金时期，大学生应当培养"互联网＋"的思维方式，紧跟时代步伐，在深化专业理论知识的同时，勇于探索、大胆实践，不断提升自我创新能力与技能水平，为投身于创新创业实践奠定坚实基础。通过这样的方式，大学生不仅能够更好地融入社会，更能在"互联网＋"时代大放异彩，为国家的科技进步与经济发展贡献力量。

六、基于精准扶持的贫困大学生创新创业能力培养

（一）贫困大学生的界定及培养其创新创业能力的客观必要性

1. 贫困大学生的界定

贫困大学生，通常指的是那些家庭经济状况不足以支撑其在校学习及生活基本开销的学生。这类学生主要来自于贫困山区、农村偏远地区、城镇低收入家庭、多子女家庭、单亲或失亲家庭等。从地域角度看，经济相对落后的地区的高职院校中，贫困大学生的比例往往较高；而在经济较为发达的地区，这一比例则相对较低。

2. 培养贫困大学生创新创业能力的客观必要性

（1）深化高职院校教育教学改革，致力于增强大学生的创新精神和实践能力，是现代高等教育的必然趋势。在这一过程中，特别关注对贫困大学生的培养显得尤为重要。这类学生受到家庭经济条件的限制，在资源获取和能力发展方面面临更多挑战。通过有针对性的创新创业教育，不仅能够弥补他们的短板，还能激发他们的潜力，使他们成为综合素质较高的创新型人才。因材施教的原则在高职教育中被广泛采用，针对贫困大学生的特点，设计更具针对性的培养方案，可以有效提升教育效果和人才培养质量。

（2）提升高职院校创新创业服务水平，要求我们关注并深入研究贫困大学生的特殊需求。通过构建全面的创新创业服务体系，包括提供政策指导、项目对接、专业培训等服务，同时借助行业专家、创业成功者的力量，形成导师团队，为贫困大学生提供个性化支持，有助于提高他们的问题解决能力和市场适应性。此举不仅能促进大学生的个人成长，还能提升院校在就业和创业方面的整体服务质量。

（3）在当前社会背景下，将贫困大学生的创新创业能力培养纳入资助育人工作中，体现了对公平教育理念的践行。除了给予物质援助，更重要的是通过教育手段，增强他们的自主学习、创新能力，培养社会责任感和领导力。这样不仅能帮助他们摆脱贫困，还能为社会创造更多积极的社会价值。

（4）面对贫困大学生的特殊挑战，如社会经验不足、技能差距大等，培养他们的创新创业能力成为职业发展的重要支撑。通过强化教育，不仅能帮助他们建立正确的生涯规划观念，还能提高他们在就业市场和创业领域的竞争力。这对于贫困大学生而言，意味着更多的就业机会和自我实现的可能性，有助于打破贫困循环，促进个人和社会的可持续发展。

（二）现阶段提升高职院校贫困大学生创新创业能力的目标

1. 培养贫困大学生积极向上的创新创业精神

在当今社会，创新精神是推动社会进步和发展的重要动力。对于贫困大学生而言，培养积极向上的创新创业精神不仅关乎自我提升和职业发展，更体现了社会责任感和集体荣誉感。学校可以通过开展各种形式的活动，如讲座、研讨会、创业比赛等，来激发学生的创新热情。例如，邀请成功的企业家或社会公益人士分享他们的经历，让学生了解创新创业背后的艰辛与意义，以此激励他们克服困难，追求卓越。

2. 激发贫困大学生的创新创业意识

拓宽视野是提高贫困学生创新创业意识的关键。学校可以通过组织国际交流项目、文化体验活动等，让贫困大学生了解多元文化背景下的创业案例，增加对世界文化的认知和理解。同时，教师应当扮演引导者的角色，通过个别谈话、小组讨论等方式，发现并挖掘学生潜在的兴趣和创意，鼓励他们勇于尝试、敢于创新。此外，定期举办头脑风暴、思维训练等活动，帮助学生突破思维定式，激发创新灵感。

3. 提供创新创业知识教育

专业知识和创业技能是贫困大学生创新创业的基础。学校应整合教育资源，提供系统化的课程体系，涵盖专业基础知识、行业发展趋势、创业法律知识、财务管理和市场策略等多个方面。例如，开设专业选修课、创业培训课程，邀请业界专家进行专题讲座，组织实地考察、实习等实践环节，以理论联系实际的方式增强学生的知识应用能力。同时，学校还应与企业、行业协会等建立合作机制，为学生提供实习、兼职、项目合作等机会，让学生在实践中学习和成长。

4. 政策支持与资源链接

高职院校应积极为贫困大学生争取国家和地方的就业创业政策支持，包括创业资金、税收减免、场地支持、技术指导等。同时，搭建平台，提供创业项目咨询、融资渠道推荐、创业导师对接等服务，帮助学生克服资金、人脉等方面的困难。此外，建立校内外创业资源网络，鼓励校友、社会企业家参与校园创业指导，形成良性的创业生态系统。

（三）培养贫困大学生创新创业能力的路径探索

创新创业教育是高等教育的重要组成部分，因此要培养贫困大学生创新创业能力，需依托高职院校的创新创业教育，做到统筹兼顾，既要提升高职院校的创新创业教育服务水平，又要有针对性地对贫困大学生群体提供帮扶。

1. 优化高职大学生创新创业教育机制

（1）建立灵活的创新创业教育考核机制。创建灵活多变的创新创业教育评价框架，旨在激发大学生对创新创业的兴趣与动力，使之更加主动地参与实践活动。这一框架应包含以下核心要素。

①多样化考核形式。摒弃传统单一的考试形式，鼓励采用多样化的评价手段，如撰写创业计划书、提交创业实践报告、展示发明专利等，以全面考察学生的创新思维、实践能力和跨学科学习成果。

②灵活化考核时间。不局限于学期末的固定考核节点，设定明确的提交时间线，允许学生在规定时间线内按需提交作品，以适应创新创业项目的动态进展和学习节奏。

③个性化支持机制。针对不同背景的学生提出的需求，提供差异化的指导和服务，特别是对经济条件有限的大学生给予额外的支持，如提供创业培训、导师对接、资金援助等，帮助他们在创新创业的道路上克服障碍，充分发挥潜力。

这样的评价体系旨在构建一个包容、鼓励的创新创业环境，不仅促进学生的个人成长，也推动高等教育资源的有效利用和社会创新力的发展。

（2）搭建贫困大学生创新创业实践平台，通过提供多元化的实践机会，激发贫困大学生他们的创新潜力和创业激情。这类平台不仅能够帮助学生在理论与实践中成长，还能通过创业园、社团活动、政府及社会等资源支持途径，减轻其经济负担，促进教育公平与个人发展。特别地，为贫困大学生设计的专项实训和勤工助学岗位，不仅增强了他们的专业技能，也为他们提供了经济支持，有助于他们更加平等、自信地参与社会创新与创业活动，从而实现自我价值，促进社会整体进步。

2. 充分发掘创新创业实践项目的作用，提高贫困大学生的创新创业能力

（1）为了增强学生社团的吸引力并激励贫困大学生投身于创新创业活动中，社团可以组织多元化的创新赛事，如创业计划竞赛和职业发展规划比赛等，旨在扩大社团影响力，吸引更多大学生参与，特别是增加贫困大学生的参与机会。鉴于贫困大学生通常更侧重于学术成绩与毕业目标对社团活动的了解程度和兴趣相对较低，通过引入具有激励性的创新创业活动，能够有效激发他们参与的热情，并进一步提升此类活动的整体影响力。此外，辅导员在指导大学生时，应根据不同类型学生的具体情况实施差异化的教育与引导策略，以增强贫困大学生对创业的兴趣，激发他们的积极性，并进一步强化创新创业活动的社会价值与影响力。

（2）通过精心设计和实施特色勤工助学项目，高职院校可以有效地帮助贫困大学生培养就业与创业能力。勤工助学作为学生资助工作的重要环节，不仅为学生提供了改善生活条件的途径，还能在实践中提升其综合素质。校内设立的特色勤工助学岗位，结合科学的考核与奖励机制，能够确保工作不会影响学生的学习，反而能激发他们的创新精神和工作热情。同时，通过与企业合作设立校外勤工助学岗位，贫困大学生能够在社会环境中得到实践锻炼和学习，提前适应职场环境，这对于提高其就业竞争力和创业能力具有重要意义。这种双向互动的模式不仅为贫困大学生提供了经济支持，还为贫困大学生提供了宝贵

的职业发展经验和人脉资源，是职业教育助力贫困大学生实现自我发展的有力举措。

（3）树立贫困大学生成功创新创业的典型，对于推动贫困大学生投身创新创业实践具有显著激励作用。这些创业典型不仅能够激发非贫困大学生群体的创新创业斗志，更能在贫困大学生心中引起强烈共鸣。因为每一个贫困大学生通过自身努力实现创新创业成功的故事，不仅是改变个人命运的典范，更是整个家庭命运转折的象征。这样的成功案例极具鼓舞力量，能够激发大学生群体学习创新创业知识的兴趣，并鼓励他们主动参与到创新创业实践中，通过实际行动改变现状，追求更加光明的未来。

3. 精准扶持，制定贫困大学生创新创业能力培养计划

培养贫困大学生的创新创业能力，是一个长期且复杂的过程，也是一个从量变到质变的过程，要达成这种变化，就要从制定"三个计划"着手。

（1）综合素质培养计划。着重于提升贫困大学生的人际交往、口头表达与组织协调能力。通过开设专门的训练营与工作坊，增强其这些方面的技能，为创新创业打下坚实基础。

（2）实践能力提升计划。构建多元化的创新创业实践平台，鼓励贫困大学生积极参与。将参与实践活动作为评奖评优和求职补贴的重要依据，确保每位学生都有实践机会，并激发其内在动力。

（3）创新创业资助计划。整合政策扶持与资金资助，向贫困大学生普及创新创业相关政策及贫困生资助政策。设立"创新创业奖学金""创业启动资金"等，激励贫困大学生追求创新项目，同时，发挥辅导员作用，进行个性化指导，帮助大学生设定短期和长期的创新创业目标，确保获得必要的理论指导与资源支持。

第五章

创业基础

第一节　创业资源基本内容

一、创业资源的内涵与种类

（一）创业资源的内涵

1. 创业资源的定义

创业资源是企业或创业者为创立及扩张业务所需的一系列要素及条件。根据资源基础理论（RBT），企业由多种异质性资源组成，这些资源包括但不限于资金、技术、人力、品牌、客户网络和知识产权等。在生产产品或提供服务时，这些资源是企业达成目标不可或缺的基础。

创业活动的实质是资源的重新整合与优化使用，目的在于构建和保持竞争优势。这个过程不仅关乎资源的数量积累，更重要的是如何有效整合资源，以创新方式创造价值、拓展市场或满足特定需求。通过有效的资源整合，创业活动能够显著增强企业的竞争力，加速其发展步伐，并实现持续增长。这一视角凸显了创业活动中适应性和创新能力的重要性，这二者正是企业取得成功的关键所在。

2. 创业资源在创业过程中的作用

在此，我们将创业过程分为企业创立之前的机会识别阶段和创立之后的企业成长阶段，分别探讨创业资源在每个阶段中的作用。

（1）机会识别阶段。机会识别与创业资源等密切相连。从直观的意义上讲，机会识别涉及分析、考察、评价潜在创业机会等。

（2）企业成长阶段。在企业成长的过程中，资源整合与战略实施是两个至关重要的环节。企业需要不断从市场、合作伙伴、资本等外部渠道获取新的资源，如技术、人才、资金、市场信息等，以支持业务扩展、产品升级或市场渗透。同时，企业还需对已有的资源进行有效整合，包括内部人力资源、财务资源和技术平台等，以形成协同效应，提升整体运营效率。资源整合不仅仅关注资源的数量积累，更重要的是如何高效地配置和利用这些资源，以实现企业的战略目标。例如，通过建立战略伙伴关系，企业可以共享资源、降低成本、加速技术创新或开拓新市场。此外，合理规划和执行财务策略也是资源整合的重要组成部分，合理的融资结构、有效的成本控制和利润管理能够为企业的持续发展提供稳定的资金支持。

战略实施是将资源整合转化为具体行动的过程，需要根据市场动态、竞争环境和内部条件制定明确、可行的策略，并通过一系列计划、组织、领导和控制活动将其付诸实践。这包括产品开发、市场推广、客户服务、团队建设等多个方面，以确保企业战略能够有效地转化为市场成果和竞争优势。

(二) 创业资源的分类

1. 创业资源按其来源分类

创业资源按照来源主要可以划分为两类：自有资源与外部资源。自有资源是指创业者及团队自身所具备的可用资源，包括但不限于自有资金、专有技术、创业机遇信息以及个人或团队的人力资源。而外部资源则是指创业者从外界获取的支持，如通过亲友、商业伙伴以及投资者筹集的资金、经营场所、设备、原材料等。自有资源的特性，尤其是技术实力与人力资源的质量，显著影响着创业资源的整体获取能力和效能发挥。

2. 创业资源按其存在形态分类

创业资源按照存在形态主要可以划分为两大类：有形资源与无形资源。有形资源是指具有实体形态，其价值可以用货币进行衡量的资源，具体包括自然资源、建筑、设备、材料、产品和资金等；而无形资源则是指不具备实体形态，价值难以精确用货币度量的资源，涵盖信息、人力、政策支持及企业的声誉和形象等方面。特别值得注意的是，无形资源在激发和优化有形资源的潜力方面发挥着关键作用。

3. 创业资源按其性质分类

(1) 人力资源。人力资源不仅包括创业者及团队的知识、技能、经验和专业智慧，还包括他们的判断力、视野、价值观及信念。创业者的价值观是新创企业的核心基础，指引着企业的方向和目标。此外，吸引并培养高质量的员工，如技术人员、销售人员和生产工人等，对于确保企业的持续发展至关重要。高素质人才的加入能够为新创企业注入活力，推动技术创新和市场拓展，是创业成功不可或缺的因素。

(2) 社会资源。社会资源主要来源于人际关系和社会网络构建的关系资本。这种资源可以视为一种特殊形式的人力资源。社会资源为创业者提供了丰富的外部资源接入机会，通过网络关系，可以有效降低创业过程中的不确定性风险，促进合作双方的信任与口碑建设。因此，对于创业者而言，开发和维护广泛的社会资源网络，是项目成功不可或缺的一环。

(3) 财务资源。对于任何企业或初创公司而言，资金、资产以及潜在股权等财务资源都是其发展与成长的基础。在创业初期，主要的资金来源可能包括创始人的个人储蓄、家庭的支持或者是来自亲朋好友的直接投资。然而，相较于已建立的公司，新成立的企业在寻求外部投资时往往面临更多的障碍。这主要是因为它们可能拥有相对有限的资产、未经实验的盈利模式以及较高的风险系数。因此，制定合理的财务策略并高效利用现有资源，对于确保创业项目能够持续发展并最终实现成功至关重要。这包括但不限于优化成本结构、寻找合适的投资者、建立稳健的财务管理体系以及确保资金流动的透明性和可持续性。通过这些措施，企业不仅能够有效应对初期的资源限制，还能够为未来的发展打下坚实的基础。

（4）物质资源。指创业和经营活动所需要的有形资产，如厂房、土地、设备等。有时也包括一些自然资源，如矿山、森林等。

（5）技术资源。技术资源涵盖了从基础科学知识到实际生产应用的全过程，分为三个层次：首先，它包含基于自然科学与实践经验积累而成的工艺流程、加工技巧及劳动诀窍，这些是技术创新的基础；其次，是实现这些技艺所必需的生产工具、设备及物资，它们将理论知识转化为实际生产力；最后，是高效组织和管理生产系统中所有的知识、经验和方法资源，以适应现代生产分工与规模需求。与人力资源不同，技术资源多与物质资产紧密结合，能够借助法律手段进行有效保护，成为企业不可或缺的无形资产，减少了因人员流动带来的知识流失风险。

（6）组织资源。组织资源是新创企业的核心框架，涵盖组织结构、作业流程、工作规范及质量系统，构成企业内部的正式管理系统。这一系统不仅包含信息流通、决策制定的机制，还涉及正式与非正式的计划活动，确保企业运作的有序与高效。人力资源需在此框架下协同工作，企业文化亦在此环境中孕育成长。组织资源初始于创业者或其团队对企业蓝图的精心设计与持续优化，融合了对环境变化的灵活适应与成功经验的智慧汲取。鉴于创业本质即组织的孕育与成长，组织资源对于新创企业而言，不仅是运营的基础设施，更是其身份与特色的标志性体现。

4. 创业资源按其在生产过程中的作用分类

创业资源依据其在生产过程中的作用可分为生产型与工具型两类。生产型资源直接投入生产流程或支持资源开发，如机器设备、办公场所等物质资源，直接贡献于产品或服务的产出。工具型资源则侧重于资源的获取与整合，如财务资源，其高度灵活性使其能够高效吸引并配置人才、设备等关键要素。产权型技术依据其存在形式可兼具两者特性：依附于个人时，它作为工具型资源助力资源汇聚；而若以专利形态存在，则直接融入生产流程成为生产型资源。对于新创企业而言，个人的声誉资源、社会网络乃至市场资源，均因其强大的资源链接能力而被归类为工具型资源，这些资源在新创阶段尤为关键，助力企业吸引并整合外部资源，推动企业的快速成长与发展。

5. 创业资源按其在创业过程中的作用分类

创业研究学者通常将创业资源按其在创业过程中的作用划分为两类：运营型资源和战略型资源。运营型资源则主要包括人力、技术、资金、物质、组织和市场订单等资源；战略型资源主要指对新创企业生存和发展具有关键作用的知识资源。在知识型社会中，知识已成为企业竞争的关键，企业需要战略性地开发和利用知识资源。由于新创企业面临的高度不确定性及信息不对称性，知识资源对获取和利用运营资源具有促进作用。此外，有学者将创业资源分为离散资源和系统资源。离散资源（如合同和专业技能）的价值相对独立，而系统资源（如分销网络或团队能力）的价值则依赖于所处的系统环境。

（三）不同类型创业活动的资源需求

创业活动可根据不同标准划分为多种类型，各类型对创业资源的需求和整合方式各具特色。为深入揭示创业过程中动机、机会与资源的作用机理，创业研究学者定义了三种资源获取模式：技术驱动型、人力资本驱动型和资金驱动型。这些模式以相对充裕并优先获取的资源为核心驱动力，带动其他资源向新创企业汇聚。

技术驱动型模式以拥有的核心技术为基础，根据技术开发需求获取和整合资源。人力资本驱动型模式则以团队为基础，传播团队特长或根据机会开发的需要来整合资源。资金驱动型模式则是以充裕资金为基础，寻找与之匹配的项目并进行开发。此外，新创企业在不同发展阶段，所需资源类型和数量可能会有所不同，各种资源在企业不同发展阶段所发挥的作用也不相同。

二、创业资源获取的途径与技能

（一）创业资源获取的途径

获取创业资源的途径可以分为市场途径和非市场途径两大类。市场途径适用于有明确市场或类似可比资源可交易的情况，如直接购买设备、原材料，雇佣员工，以及外包服务等。这种方式通常更加直接和高效，但可能需要较高的资金投入。非市场途径则适用于没有现成市场或难以用金钱衡量的资源，如通过社交网络获取信息和机会，利用个人声誉吸引合作伙伴，参与创业孵化器获得支持等。这种方式可能需要更多时间和精力投入，但能获得独特的资源和机会。创业者应根据自身情况灵活选择合适的资源获取途径。

1. 通过市场途径获取资源

市场途径获取资源的方式主要包括购买、联盟和并购等。

购买利用财务资源通过市场购买来获取外部资源。具体涉及购买厂房、设备、物质资源等，同时也可以购买专利和技术，或者聘请经验丰富的员工。然而，某些资源如隐性知识等，虽然可能伴随着物质资源（如机器设备）的购买而获得，但难以直接通过市场购买。因此，新创企业还需通过非市场途径来开发和积累这些资源。

联盟是指企业通过联合其他组织，共同开发一些难以或无法自行开发的资源。这种联盟不仅有助于获取显性知识资源，还可能涉及隐性知识资源。联盟的基础是双方资源和能力的互补，以及共同的利益，双方还需要对资源价值和使用达成共识。创业者经常采用联盟方式来共同研究开发，特别是高科技企业，通过与高等院校和研究机构的联盟，无须额外的设备投入，即或获取必要的技术资源。

并购是一种通过股权收购或资产收购将外部资源内部化的交易方式。并购的基础是双方资源，特别是知识等新资源，具有较高关联度。并购作为一种资本经营手段，可以帮助创业者快速进入新领域，及时把握商机，实现创业目标。

2. 通过非市场途径获取资源

非市场途径获取资源的方式主要包括资源吸引和资源积累两种。

资源吸引是指利用无形资源作为杠杆，依托新创企业的商业计划、创业前景的描绘，以及创业团队的良好声誉，来吸引包括物质资源（如厂房、设备）、技术资源（如专利、技术）和人力资源（如有经验的员工）等。在与风险投资者或技术持有者接触时，创业者通过对企业前景的展望和团队声誉的展示，可赢得资源拥有者的信任和兴趣，进而促使他们主动将资源投入新创企业。资源积累则是指通过内部培育和利用现有资源，逐步形成和积累企业所需的资源。这包括自建厂房和设备、内部研发新技术以及通过培训和内部培养提高员工的技能和知识水平，或是通过企业自身的积累来筹集资金。创业者常采用资源积累的方式获取资源，不仅为了筹集所需的人力资源或技术资源，而且这种方式还能作为一种激励措施，提高员工的工作积极性和效率。同时，通过内部积累技术资源，企业能在掌握核心技术优势的同时，保护好自身的商业秘密。

无论是通过市场途径还是非市场途径获取资源，都主要取决于资源的市场可用性和成本等因素。如果快速进入市场能带来成本优势，那么外部购买可能是获取资源的最佳选择。

在整个创业过程中，获取资源是一个持续的活动，尤其在创业初期，其重要性更加凸显。多数新创企业由于初始资源的不完整，需要通过获得资源供应商的信任来获取所需资源。因此，创业者采用多种途径同时获取不同资源，始终是一个明智的策略。

（二）创业资源获取的技能

成功的创业活动需要精确与机会、创业团队和资源三者匹配，并确保它们之间保持动态平衡。创业过程始于抓住机遇，随后建立团队，紧接着需获取所需资源以顺利实施计划。能够制定精巧战略以及拥有高超领导力和沟通能力的团队是推动创业成功的关键要素。

1. 沟通

在创业过程中，获取资源至关重要，创业者及团队需要具备良好的人际沟通能力和沟通技巧，以建立顺畅的沟通机制。沟通能力包括有效性和适当性，它们是评价沟通水平的重要指标。沟通技巧涉及信息收集和发送，有效表达及理解他人的想法与感受等方面。缺乏沟通技巧会导致沟通障碍。成功获取资源的关键在于与各方保持顺畅沟通，派遣具有沟通能力的团队成员负责沟通工作至关重要。研究表明，企业管理者有70％的时间用于沟通，而70％的问题源于沟通障碍。创业者需通过内外部沟通获取并整合资源，与投资者、媒体、消费者、供应商等建立密切联系，以提升企业绩效。

2. 战略领导力

尽管学术界对创业者能力的组成要素存在不同看法，但对其在战略方面的领导能力的重要性却普遍认同。创业者的战略领导能力是创业者的能力与新创企业战略管理过程的融合点，是创业者能力在不同阶段企业战略管理中展现出的独特实践能力。它包括战略思维、决策、规划和控制等能力。这些能力对于新创企业在不断创新和创业活动中实现规模扩大、从初创期向成长期过渡至关重要。由于知识、经验和资源有限，新创企业在起步阶段需要解决诸多具有不确定性和模糊性的问题，而创业者的战略领导能力可以帮助企业清晰地把握竞争环境并制定有效的商业战略。

创业者个人的目标、价值观和创业能力与新创企业的建立密切相关，这些因素成为企业最初的战略愿景的基础。新创企业的成功与否取决于创业者能否有效地将自己的创新想法传达给企业内部各个部门，并向外界清晰地阐述企业的战略意图，从而获取所需的资源。因此，在新创企业获取和整合资源的过程中，创业者若具备战略领导能力，将更容易赢得资源所有者的青睐，进而推动企业的发展和成长。

第二节　创业精神与创业团队

一、创业与创业精神

（一）创业的功能

创业被视为经济增长的动力与社会进步的催化剂，其在全球范围内激发了新兴经济形态的崛起。此新型经济形态高度重视创新与创业在推动社会经济发展的关键作用。它致力于挖掘市场潜力，丰富供需结构，引导消费升级，并满足消费者日益多元化和深层次的需求，进而驱动市场的繁荣与发展。通过优化创业环境，众多国家得以在国际市场上占据领先地位。依据全球创业观察（GEM）的研究显示，中国不仅积极参与全球创业活动，其创业生态系统也在持续优化与完善。创业的主要功能体现在以下几个方面。

1. 创业具有促进科技进步和市场繁荣的功能

创业不仅激发了技术创新与产业革新的动能，更是推动经济结构优化和科技水平整体提升的关键力量。新创企业作为科技成果转化为实际生产力的主要载体，其诞生和发展促进了技术进步与经济升级，进而增强了国家的科技实力和国际竞争力。通过创办科研成果转化型企业，有效加速了科技成果的市场化进程，实现了从实验室到市场的快速转化，对科技进步与市场经济繁荣起到了至关重要的推动作用。

2. 创业具有缓解就业压力的社会功能

大学生创业的成功不仅能创造直接的就业机会，还能通过个体的示范效应，激励更多大学生及社会待业人员投身就业市场，显著缓解高等教育毕业生的就业压力。形成积极的大学生创业文化和社会环境，对于普及创业教育、培养创业精神、提升青年就业能力以及激发就业市场的整体活力具有深远的社会意义。加强针对大学生群体的创业培训与指导，不仅能够增强他们的职业适应性和创新实践能力，还能够在宏观层面上优化人力资源配置，促进经济与社会的持续健康发展。

3. 创业具有调节社会资源配置的功能

新创企业要实现生存与发展，需具备核心竞争力。在行业层面，这些企业的崛起与壮大将对现有的市场格局产生显著影响，加剧竞争态势，推动形成优胜劣汰的良性循环。这种动态的竞争机制不仅增强了市场的活力，促进了创新与优化，而且有助于资源的有效分配，即资源更倾向于高效运营与管理的企业，从而实现社会资源的优化配置，最终提高社会的整体经济效益与效率。

4. 创业具有帮助创业者实现人生价值的功能

随着社会的不断进步和发展，智力日益成为比物质资源更为重要的关键性生产要素，知识、技术和管理作为新型生产力，直接参与价值的创造与分配过程。创办企业不仅要求创业者具备高水准的知识和专业技术能力，还需要其能够促进知识与创新成果的产业化转化，使得资本能够更高效地发挥作用，共同推动社会整体生产力的提升。对于拥有专业知识的大学生而言，创业不仅是实现个人价值和财富增长的有效途径，也是充分发挥其潜能、展现自我能力的绝佳机会。通过运用知识和创意，大学生不仅能够将理想转化为现实，还能创造更多的发展机会和社会价值，从而为整个社会的发展注入新的活力与动力。

（二）创业的过程与阶段

1. 创业的过程

创业过程是创业者从产生创业想法到创建新企业或开创新事业并最终获取回报的过程，涉及识别机会、组建团队、寻求融资等一系列活动。通常分为以下六个主要环节。

（1）产生创业动机。创业动机是个体识别并追求市场机会的核心驱动力，是创业活动的根本前提和内在动力。创业活动的启动，很大程度上取决于个人是否决定投身创业。这种决定往往源自于对潜在收益与机遇的感知与吸引。对于很多人而言，正是在识别到有利的创业机会后，出于对高额回报的渴望，激发了他们的创业动机，使他们投身于创业者或创业团队的角色之中。一个人能否成为创业者，受到三重因素的影响：首先是个人特质，虽然每个人都有可能具备孕育创业精神，但其强度存在差异，这既与遗传有关，也显著受到成长环境的影响；其次是创业机会的丰富程度，在社会经济的转型、技术的进步等多重因素推动下，创业机会的增多不仅放大了利益驱动效应，还降低了创业的准入门槛，进一步激发了创业热情，催生了广泛的创业浪潮；最后是创业的机会成本考量，如果从事其他工作可以获得较高的收入以满足生活所需，那么创业的动力就会相应减弱，例如，科学家群体中较少有人选择独立创业，这是因为他们的职业往往已提供了一份相对优渥且稳定的收入来源，因此，他们不太愿意承担创业所带来的风险。

（2）识别创业机会。识别创业机会是创业旅程的枢纽，它要求创业者深入探索以下四个核心问题：机会源自何处？需洞悉市场趋势、技术进步及消费者需求变化等根源；哪些因素在影响机会？需全面分析政策环境、竞争格局与行业动态等影响因素；此机会蕴含何种价值？需准确评估其市场潜力、创新程度及可持续发展性；以及如何将其转化为现实收益？需构思具体的实施路径、商业模式与资源调配策略。在这一阶段，创业者需保持开放心态，通过广泛交流、细致观察、积极获取信息以及深入思考分析，不断磨砺敏锐的洞察力与判断力，最终精准捕捉并把握创业良机。

（3）整合资源。整合资源是创业者驾驭机会、启动创业的关键步骤。面对资源匮乏的起步挑战，创业者需展现高超的资源整合能力，借势而为，巧妙利用外部资源助力创业启航。这包括组建高效协同的团队，吸引志同道合之士；有效筹集创业资金，确保财务稳健；搭建创业基础设施，如适宜的办公场地与平台。在资源约束与不确定性并存的环境下，创业者应将重心置于资源获取上，确保企业生存。同时，构建清晰、吸引人的商业模式，并制定详尽的创业计划，以此向潜在资源方展示愿景，争取更多支持。这一过程不仅是对创业者智慧的考验，也是其创造力与执行力的展现。

（4）创建企业。创建企业标志着创业活动的正式展开，涵盖了公司架构设计、合法注册、经营地点选定及市场进入策略规划等关键步骤。创业者可选择从零开始创立全新的企业，或通过加入、收购现有企业等方式快速切入市场。在初创阶段，尽管生存压力巨大且未来充满不确定性，创业者仍应高度重视这些基础性工作，避免因短期考量而忽视长远布局，从而为企业的稳健成长奠定坚实基础，减少后续发展的潜在隐患。

（5）提供市场价值。创业者的终极目标是通过识别机会、整合资源、创建企业等一系列努力，最终实现市场价值的最大化。这一环节不仅关乎新创企业的生死存亡与持续发展，也是衡量创业成功与否的关键指标。创业者需直面挑战，创新策略，确保所创造的市场价值得以充分展现与实现，持续为客户创造价值，从而赢得客户信赖与市场份额，进而累积长期利润，推动企业从生存走向繁荣，实现由小到大、由弱到强的蜕变。

（6）收获创业回报。收获创业回报是创业旅程的终极追求，它激励着创业者不断前行。回报形式多样，其满意度深受创业者个人动机的影响。不同创业者因动机各异，对回报的期待与态度也千差万别。对于众多年轻创业者而言，理想中的回报路径莫过于将企业培育成快速成长型公司，并成功推向资本市场，实现上市梦想，以此作为事业成功的里程碑。

2．创业的阶段

根据对创业过程的分析，我们可以将一个完整的创业过程大致划分为以下四个主要阶段，即机会识别、资源整合与创办企业、新创企业生存以及新创企业成长。

上面介绍的创业过程所包含的环节中，产生创业动机、识别创业机会属于机会识别阶段；整合资源、创建企业则属于资源整合与创办企业阶段；而提供市场价值、收获创业回报则分别属于新创企业生存和成长阶段。

根据公司发展的性质，创业过程可进一步细分为以下四个关键阶段。

第一阶段：生存阶段。此阶段的核心在于通过产品、技术或服务的差异化优势迅速占领市场。创业者需具备敏锐的市场洞察力，能够将创意转化为实际产品或服务，并精通销售技巧，以确保企业的初步生存。此阶段的关键在于快速响应市场需求，灵活调整策略，以生存为首要目标。

第二阶段：公司化阶段。随着企业规模的扩大，创业者需将注意力从日常运营转向规范管理，以提升整体效益。这要求创业者提升思维层次，从战术层面跃升至战略层面的规划，构建科学的管理体系，确保企业运营的规范化和高效化。此阶段，企业文化建设、组织架构优化、流程标准化等工作成为重点，为企业的长远发展奠定坚实基础。

第三阶段：集团化阶段。进入集团化阶段，企业已具备一定的产业基础和市场地位，需进一步强化核心竞争力，实现产业化发展。通过组建多个专业团队，构建子公司和集团系统平台，形成产业协同效应。此阶段，销售管理从传统模式升级为营销策略，渠道建设从区域性拓展至全国性网络，实现资源的优化配置和市场的深度覆盖。集团化运作要求创业者具备全局视野和系统思维，推动企业向更高层次发展。

第四阶段：全球化阶段。作为企业发展的最高层级，全球化阶段标志着企业已跨越国界，成为全球化的经营实体。在此阶段，企业依靠一种超越行业界限的核心竞争力，实现跨领域、跨行业的资源整合与业务拓展。创业者需具备全球视野和战略眼光，构建高效、灵活的总部管理体系，支持各子公司和业务部门在全球范围内的协同作战。全球化阶段的企业，不仅追求经济效益的最大化，更注重社会责任的履行和可持续发展，努力成为行业乃至全球的领军者。

（三）创业精神

1. 创业精神的本质

创业精神是创业者在创业过程中具有开创性的思想、观念、个性、意志、作风和品质等关键行为特征的高度凝练，主要表现为创新、冒险、合作、执着等。

（1）创新是创业精神的灵魂。创新不仅是创业活动的核心驱动力，更是创业精神的灵魂所在。它涵盖了产品、技术、市场及组织等多个方面的革新。创业者需具备敏锐的洞察力和前瞻性思维，敢于突破传统框架，不断寻求新思路、新方法，以差异化的产品或服务赢得市场先机，确保企业的独特性与持续发展能力。正是这种不懈的创新追求，为创业活动注入了无限生机与活力。

（2）冒险是创业精神的天性。冒险精神是创业者与生俱来的特质，它体现在面对不确定性时的勇气与决心。创业之路充满未知与挑战，没有敢于冒险、勇于担当的魄力，便难以跨越重重障碍，实现创业梦想。创业者需具备敢于尝试、敢于失败的勇气，在不确定性中寻找机遇，以非凡的胆识引领企业前行。正是这份冒险精神，让创业者在逆境中不断成长，开拓出一片新天地。

（3）合作是创业精神的精华。在高度分工的现代社会，合作已成为创业成功的关键。创业者需具备卓越的团队合作精神，能够将不同背景、不同专长的人才凝聚在一起，形成强大的合力。通过有效的沟通与协调，团队成员能够优势互补、协同作战，共同应对创业过程中的各种挑战。这种合作精神不仅提升了企业的整体效能，也为企业文化的塑造奠定了坚实基础。

（4）执着是创业精神的本色。创业之路从来都不是一帆风顺的，它充满了艰辛与曲折。因此，执着精神成为创业者必备的品质。面对困难和挫折，创业者需保持坚定的信念与顽强的毅力，持之以恒地追求目标。这种执着不仅体现在对创业梦想的坚守上，更体现在对每一个细节的精益求精上。正是这份执着与坚持，让创业者在逆境中不轻言放弃，最终迎来成功的曙光。

2. 创业精神的来源

创业精神的形成与发展受相应文化环境、产业环境、生存环境等多重因素的影响。

（1）文化环境。一个充满商业文化氛围的区域，不仅为创业者提供了丰富的商业信息和资源，还通过其独特的价值观、行为规范和创业成功案例，潜移默化地影响着潜在创业者的思维方式和行为模式。在这样的环境中，创业被视为一种积极向上、实现自我价值的重要途径，因此更容易激发人们的创业热情和创业精神。

（2）产业环境。在垄断行业中，由于市场准入门槛高、竞争不充分，企业往往缺乏创新动力，这在一定程度上抑制了创业精神的产生。相反，在完全竞争的市场结构中，企业面临激烈的竞争压力，为了生存和发展，不得不不断创新、优化产品和服务，这种环境更有利于培养创业者的市场敏感度和竞争意识，从而催生创业精神。此外，新兴产业的发展也为创业者提供了广阔的空间和机遇，进一步激发了他们的创业热情。

（3）生存环境。在资源贫瘠、条件恶劣的区域，人们为了改善生存状况，往往具有更强的求变欲望和适应能力。这种环境迫使人们去寻找新的发展机会，整合外界资源，从而催生创业念头并激发创业精神。同时，艰苦的生存条件也锻炼了人们的意志品质和抗压能力，为创业者在创业过程中提供了宝贵的经验。

3. 创业精神的作用

创业精神作为一种强大的内在动力机制，深刻激发着个体投身创业实践的渴望，它不仅塑造着人们对创业的态度与行为，还指引着这些行为的方向与力度。在个人层面，创业精神是推动个人成就的关键，促使个体勇于开创自己的事业；在企业层面，它促使企业焕发新生，通过组织内部的创业精神重塑，增强整体竞争力；在国家层面，创业精神更是经济发展的强大引擎，助力国家实现繁荣富强，提升民众生活水平。面对全球产业结构转型的浪潮，创业精神在中国的作用尤为凸显，它不仅加速了经济发展方式的转变，还为社会经济的健康、快速发展注入了不竭动力。

二、创业者

（一）创业者的概念

创业者，作为梦想与未来的追求者，其核心驱动力源自对长远价值而非即时回报的渴望。他们追求的回报超越金钱范畴的，致力于实现物质基础的稳固与人生价值的双重提升。创业之旅，本质上是一场投资性活动，投入的不仅是资本，更有创业者及创业团队宝贵的时间与精力。其回报，则体现在金钱之外的价值增值、理想达成与深远影响上。

创业这一群体具备多重鲜明特征。他们是引领企业前行的主导者，以使命、荣誉与责任感为内在驱动；他们擅长组织资源，巧妙运用服务、技术与实体作业；他们思维敏锐，具备出色的思考、推理与判断能力，能够带领团队迈向成功；更重要的是，他们拥有吸引他人追随的独特魅力，并能够在这一过程中实现创业者与追随者的共赢。从法律层面，创业者需具备完全的权利与行为能力，以确保决策的有效执行。

从更宏观的视角审视，创业者的商业才能远不止于创立企业。他们如同企业发展的舵手，在复杂多变的市场环境中持续作出明智决策，解决挑战，调整战略，确保企业持续繁荣发展。更深远的意义在于，那些开创全新商业模式、引领行业发展的创业者，不仅成就了自身企业的辉煌，更为社会树立了典范，创造了就业机会，推动了财富增长，成为推动社会进步的重要力量。

（二）创业者的类型

创业之始，往往源于一种新颖的想法或创意，此类创业被归类为机会拉动型创业。这类创业者具有敏锐的洞察力，能够从创意中发掘出潜在的商业机遇，并构建起盈利模式。在企业发展的初期阶段，一些创业者便能为其制定长远的战略规划，引领企业稳步而行。然而，也有创业者在企业的成长过程中与其共同成熟，通过不断修正方向来引领企业获得持续的利润增长。另一些创业者则属于激情驱动型，他们怀抱强烈的创业梦想，被创业的热情所激发，渴望拥有自主权，成为自己的老板。尽管当前他们可能仍受限于职业身份，但他们始终想要寻找机会建立自己的企业，并且期待在这一领域取得显著成功。

无论创业的动力源自何处，创业者共同的特点是将创业视为其生活的核心愿景。这个愿景是对未来的一种期待和追求，包含了对目标、使命及核心价值观的向往，是个人生活中最为核心的部分，也是他们努力实现的理想蓝图。分析创业者共同的特点，通常会发现他们的愿景主要包括赚取更多利润、拓展更广阔的发展空间、体验成功的喜悦、投身于热爱的事业以及实现自我价值的提升。

虽然创业愿景与实际结果间可能存在差距，成功的创业者并不总能获得巨大的收益，而他们所面临的挑战远不止经济损失，还包括众多未知且复杂的难题。例如，资源匮乏、市场开拓不顺、合作伙伴意外退出等问题，这些困难可能会导致创业失败，甚至使创业者陷入财务困境乃至债务危机。这一现实情况常常让许多人对是否创业产生犹豫。然而创业过程本身就充满了不确定性与创造性的机遇，为创业者带来了丰富的经历和乐趣，使他们在享受的过程中获得成长。因此，一个成功的创业者不仅勇于接受挑战，乐于创造未来还需在遭遇失败时能够迅速调整策略，抓住新的创业机会。选择创业意味着对未来的全心投入，因此，坚定目标、勇敢前行成为了创业生涯的第一课。

三、创业团队

（一）创业团队的含义

创业团队的组建旨在将创意转化为市场上可盈利的产品，这一过程涉及多方面考量，包括但不限于人力资源、资金和物质资源的配置。对于创业者而言，人才不仅是创业的基础资源，更是推动创业成功的关键因素。在创业伊始，就需精心构建一支具备强大凝聚力、高效执行力的团队，以该团队为核心，为初创企业提供全方位的支持，从而确保创业项目的顺利推进和最终的成功落地。

（二）创业团队的 5P 要素

1. 目标（Purpose）

明确的目标是创业团队的导航灯，它为团队成员提供了清晰的方向指引，确保每个人都向着共同愿景前进。目标设定应当兼顾长期与短期利益，前者为公司的远大愿景，后者则为达成愿景所需的阶段性任务。团队合作应成为实现目标的集体行动，而非创业者个人的单打独斗。

2. 人（People）

构建高效的创业团队需要招募具备特定技能与丰富经验的成员。然而，即使拥有了专业人才，如何保持团队稳定、激发成员潜能，以及应对人才流动带来的挑战，仍是创业者需要解决的重要问题。

3. 定位（Place）

定位不仅关乎到团队在企业结构中的角色和决策机制，也包括了团队内部各成员的角色分配与责任落实。清晰的定位有助于提高团队效率，促进成员间的协同工作。

4. 权限（Power）

权限的合理分配是新创企业组织管理的关键。在团队创建初期，核心领导者通常拥有较大的决策权，但随着企业的发展，领导者的角色会逐渐转变为指导者和协调者，而非单纯的指令发布者，这标志着团队的成长与成熟。

5．计划（Plan）

从宏观的战略规划到具体的步骤执行，都需要详细的计划来指导团队行动，确保每个环节都紧密衔接，共同朝着既定目标迈进。

尽管创业初期充满挑战，团队的建立也并非易事，但通过充分的准备和策略规划，创业者能够克服障碍，构建起一个既高效又能共同成长的创业团队。正如俗语所言，"三个臭皮匠，顶个诸葛亮"，这强调了团队智慧在创业过程中的重要性。创业团队不仅能够提供多样化的视角，帮助决策，还能分担风险，共同面对失败与成功。因此，相较于个人单打独斗，团队创业往往成功的概率更高。

（三）创业团队的优势与作用

在构建创业团队之初，创业者应将共同的价值观和热情置于首位。共享的愿景与激情能够为团队提供统一的驱动力，使成员在面对未知与挑战时，始终保持高昂的斗志和一致的前进方向。对于专业技术背景的考量，则应放在相对次要的位置，尽管互补的专业技能能有效节省前期研发成本并激发创新思维，但更为关键的是团队成员间的情感契合度与能力的多样性，这种多样性有助于团队适应复杂多变的市场环境和创新挑战。

选择性格互补的合作伙伴，能在问题解决过程中形成更为全面的视角，从而提升团队的整体创新能力。相比之下，亲友间的合作可能会因情感纠葛而引发利益冲突，进而影响团队的决策效率和稳定性。家庭与商业利益的交织，容易导致关系的紧张，甚至形成决策的僵局，而来自非亲缘关系的合作伙伴则更可能倾向于以客观、平等的态度面对问题，这有助于营造促进开放、包容的工作氛围，对团队的长远发展大有裨益。

创业团队的资金投入与利润分配是另一项重要考量因素。资金的共同注入不仅能缓解创业初期的财务压力，还能增强团队的集体认同感，促进合作的深入与持久。然而，创业者必须在创业前明确规划合理的股权分配与利润分享机制，以防止未来出现利益纷争。创业者需预见潜在风险，事先制定详尽的股权协议，以确保在团队成长和成功后，所有成员都能获得公正、合理的回报，从而维持团队的和谐与凝聚力。

在决策过程中，团队成员间的分歧与无法妥协的情况可能会导致机会丧失和经济损失。为解决这一问题，不仅需要成员间的相互理解与宽容，更需建立健全的决策机制和流程，确保每项决策都有明确的依据与责任人。在创业初期，资源有限、人员精简，团队成员往往因共同的理想而牺牲个人利益。然而，随着公司开始盈利，个人的获利动机自然浮现，这时，如何妥善处理个人与团队、短期与长期利益的关系，将成为决定团队能否持续发展的关键。因此，创业者在组建团队之初，就需要对团队成员的期待与角色进行清晰的定义，并在利益机制上进行公平合理的安排，以实现团队的共赢与发展。

（四）组建一支优秀的创业团队的策略分析

创业团队的组建并非遵循固定的模板或程序，而是每个团队都是独一无二的产物，团队整体反映了团队成员的个性、背景和共同愿景。在创建团队的过程中，创业者基于相似的兴趣、技能或理念寻找合作伙伴，这些合作伙伴联系可能是工作伙伴、朋友甚至是拥有类似想法的陌生人，共同构成创业的基础。

针对新创企业在吸引人才时所面临的挑战，关键在于构建一个吸引人的创业环境。创业者无须追求吸引业内顶尖人才，而应更侧重于团队成员间的"合适性"，即他们是否具备与创业目标和企业文化和价值观相匹配的特质。此外，新创企业应强调其独特的企业愿景、充满活力的工作氛围以及积极向上的企业文化，这些因素远比单纯的高薪更能吸引志同道合的潜在团队成员。创业者自身的魅力、公司的成长潜力以及能为员工带来的长远回报和职业发展机会，在吸引人才时往往扮演着更为关键的角色。在创建企业的过程中，创业者应遵循以下原则。

1. 具有共同的理想，利益兼顾

在大学生创业初期，团队往往由志同道合的伙伴组成，如同学、室友或同事，这一阶段的基础团队构建，很大程度上依赖于共同的目标与理念。然而，在创业的早期阶段，团队成员之间的友谊成为维系合作关系的主要纽带，而非单纯的经济利益。尽管这种关系在初创期能够展现出较强的稳定性，但当公司步入稳定发展阶段、利润增长后，个人的利益诉求开始显现，差异与矛盾可能由此而生。若一方感到自己的付出与回报不平衡，或是对未来的预期与另一方存在差异，可能会选择退出团队，并可能带走一部分资源与客户，对公司的持续运营和发展造成冲击。因此，在团队组建之初，即便是基于深厚友谊的合伙人关系，也应明确制定合理且公正的利益分配机制，并确保所有成员的支持与认同。同时，在公司创立之初就设计一套完善的公司架构与绩效评估体系，有助于防范因人员变动而引发的运营中断风险，为公司的长期稳健发展奠定坚实基础。

2. 打造互补型团队

在构建高科技技术公司之初，大学生创业者倾向于寻找具备技术专长的合伙人，以强化产品的核心竞争力。然而，仅集中于产品与服务开发的战略并非全然正确。实际上，在构建创业团队时，更重要的是强调团队成员间的互补性，包括性格、技能、观念乃至专业领域的差异。这是因为创业者通常无法独自承担所有管理职责。对于专注于技术创新的创始人而言，引入一位擅长管理的伙伴能有效协助构建公司的组织框架并实施绩效评估；同时，专业的财务管理人才亦不可或缺，尤其是在创始人不具备此类能力的情况下。通过促进团队成员间的互补协作，不仅能够弥补个体能力的局限，还能促进问题的全面解决，从而为初创企业创造一个健康发展的环境，助力其持续成长与创新。

3. 打造稳定的初创团队

在企业创立之初，构建一支协同高效且稳定的创始团队，无疑是每位企业家的追求目标。即便在创业企业已成功立足并实现增长，团队解散的风险仍然客观存在，成员的离职不仅可能引发公司关键技术和专长的流失，还可能引发股份重组的问题，从而给公司的财务状况带来不确定性。面对团队成员急于离职的情况，企业家应当审慎分析内部管理是否存在疏漏，并适时与团队成员开展深入沟通，以识别并解决潜在冲突，避免此类事件对公司产生不可逆转的影响。在招聘环节，应前瞻性地预见团队变动可能带来的冲击，与候选人就职业发展规划路线、权益共享机制及离职处理程序达成共识，这一策略不仅能够有效吸引和保留关键人才，还能为将来可能出现的变动情况提供预先设定的法律与伦理指导，确保企业在面对团队动态变化时，能够保持运营的稳定性和持续性。

4．学会及时沟通

在构建创业团队之初，创业者应明确规划，形成清晰的战略构想。这要求其对所需的团队成员的专业背景、职能角色及所提供的激励措施等要素有精确的把握。招募活动不过是连接潜在伙伴的有效途径之一，创业者应积极参与此类社交活动，以直接接触目标候选人，识别出与企业相匹配的精英。在说服潜在成员投入创业行列时，描述公司的成长蓝图和愿景，以及诚实地揭示当前的挑战，都能有效地激发其价值追求，提升其认同感和参与度。沟通能力对于创业者至关重要，创业者需培养成为高超的沟通者，通过精准的交流，确保对成员及客户需求的深度理解，从而实现高效、有针对性的团队建设。

5．寻找相同或相似背景的伙伴

大学生创业者在组建团队时，倾向于从校友、室友及同学中招募成员，这一方式基于共同的愿景、教育背景及长期交往形成的默契，有助于快速建立信任与有效沟通机制，解决团队内部的潜在冲突。然而，此种途径也易导致团队构成单一，尤其是技术领域创业者可能倾向于聚集同类型人才，从而限制了团队多元化的发展。因此，制定全面的团队建设方案至关重要，创业者应有意识地突破既有社交圈层，积极寻求背景、技能与视角各异的人才加入，以确保团队结构的完整性与互补性，从而全面提升团队的创新力与适应复杂市场环境的能力。

6．招聘是寻找团队成员的快捷途径

创业团队在招聘过程中面临的挑战显著区别于成熟企业，因其尚处于成长阶段，无法直接以高薪待遇吸引人才。然而，新创企业独有的魅力在于其提供的丰富机遇与无限挑战，这对于追求创业理想、渴望实现个人价值的候选人而言，构成了比薪资更为深远的吸引力。因此，在招募时，创业团队需平衡理想与现实，既强调企业的愿景、使命与潜在成长空间，也不回避薪资议题，确保以全面而真实的视角展现企业价值，吸引并留住那些既能共担创业艰辛，又能共享未来成果的志同道合者。

（五）团队管理的策略

新创企业的管理实际上包含公司组织、生产服务、市场营销等多个方面，新创企业的管理重点一般会集中在生产管理、市场、服务等环节上，而往往会忽视团队的建设与管理。这种做法是不明智的。那么，如何管理创业团队呢？主要有以下几点。

1. 注重团队凝聚力

团队凝聚力是衡量团队内部成员为实现共同目标而展现出的协同合作程度的重要指标。它体现为个体成员对团队目标的高度认同、积极配合乃至全力支持。在创业道路中，团队凝聚力尤为关键，它要求所有成员深刻意识到团队是一个紧密相连、不可分割的整体，将团队的整体利益置于个人私利之上。当团队成员能够自愿牺牲个人小利以维护团队大局时，这种超越个体的奉献精神正是团队凝聚力强大而深刻的体现。

2. 合作第一

在创业团队的构建与运营中，尽管每位成员均具备独立承担重任的能力，但首要且核心的能力在于合作。成功的创业公司典范证明，团队的整体成就远超越任何单一成员的辉煌，这归功于创业者与核心成员间无缝的协作机制与相互激励的文化。这种合作不仅促进了资源的优化配置与策略的协同实施，更在无形中加强了团队内部的凝聚力与向心力，共同推动着企业向更高目标迈进。

3. 致力于价值创造

团队每位成员均矢志不渝地投身于价值创造，面对挑战时，应群策群力寻求解决方案。一旦决策既定，全体成员应齐心协力付诸实践。在公司由成长迈向成熟的历程中，每位成员均展现出高度的责任感与奉献精神，不仅助力企业收获丰厚的物质成果，同时也实现了个人技能的飞跃式提升，达到了职业发展与个人成长的双赢。

4. 分享成果

在新创企业中，通常会将公司的股份预留出10%~20%，作为吸引新的团队成员的激励手段。团队中不仅要有资金的分享，还要有理念、观点、解决方案的共享。

5. 重视绩效考核

绩效是指为评估者和被评估者提供的评价标准，以便客观地讨论、监督、衡量工作成果。绩效管理可以使团队成员明确自己在团队中的职、责、权与团队的目标和计划，明确自己的角色与承担的工作，同时，团队成员也可以根据自己的贡献对自己的薪资产生合理的期待。

关于团队中的角色扮演，一般是指各成员在团队中承担的不同责任。根据职、责、权来划分不同的角色。在团队中，扮演好自己的角色至关重要，这关系到团队的运作效率以及核心凝聚力。

6. 充分发挥决策者的作用

在企业中，决策者通常由企业所有者担任，他们负责制定决策和承担后果。面对重大决策，决策者常预先召集团队成员集思广益，探讨多种解决方案。若团队意见与决策者存在分歧，决策者应秉持开放态度，重新审视方案的可行性，并适时调整优化，以确保决策的科学性与合理性。决策范畴广泛，涵盖公司长远发展目标、阶段性规划及关乎企业未来发展的关键策略，旨在引领企业稳健前行。

7. 明确执行者的任务

执行者的任务是根据公司制定的业务计划和目标，从职能领域出发安排并细化自己的工作和计划，将工作量化，供具体执行决策者的决策。

在新创企业中有时会遇到团队成员出现职、责、权混淆的情况。这时就需要制定规范化的企业制度来明确团队成员的工作职责；同时，企业的所有者也应该时刻铭记自己的角色定位。需要明确的是，决策者的角色并非一成不变，决策者应首先以一个执行者的标准要求自己，只有当自己完成并验证方案的可行性时，才能将方案交给其他执行者去实施。

第三节　创业机会与创业融资

一、创业机会概述

（一）创业机会的内涵与构成要素

创业机会是多重积极条件汇聚而成的特定情境，其核心要素缺一不可，共同构成了创业实践的前提与基础。具体而言，这些要素包括。

（1）持续性市场需求的存在。这是创业机会的基础，要求某个细分市场内存在稳定或新兴的持续性需求，为产品或服务提供了明确的市场定位与价值空间。

（2）创意的匹配性。创业者需拥有或开发出能够有效满足这一市场需求的创意，这些创意不仅新颖独特，还需具备实际可行性与市场吸引力，是连接市场需求与供给的桥梁。

（3）能力与资源的支撑。创业者自身需具备实施该创意所需的能力与资源，包括技术、管理、财务等多方面的综合能力，以及必要的初始资源储备，以确保创意能够顺利转化为实际行动。

（4）轻资产与小团队的可行性。在创业初期，由于资金与人力资源的有限性，创业者需确保创意的实现路径不依赖于大规模的资金投入或庞大的团队支持，而是通过高效利用现有资源、采用灵活的组织结构，实现低成本、高效率的运作。

综上所述，创业机会并非简单等同于商机，而是商机、创意、轻资产、小团队这四大要素的有机融合与动态平衡。只有当这四个要素相互匹配、协同作用时，才能为创业者开启一条通往成功的创业之路。因此，识别与把握创业机会，需要创业者具备敏锐的市场洞察力、创新思维、资源整合能力以及灵活应变的策略规划能力。

（二）商机和市场回应的重要性

创业活动的核心本质在于创新，创业活动不仅是创新的具体实践路径，也是创新价值实现的关键环节。创新活动根据驱动力不同，可划分为需求拉动型与技术推动型，相应地，创业模式亦可划分为商机诱发型与创意推动型两大类。

在商机诱发型创业模式中，市场细分领域内持续性需求的涌现构成了创业活动的逻辑起点。此类商机如同磁石，吸引创业者围绕其展开一系列创业行动，包括构思创新方案、整合资源、启动项目，直至观察市场反馈。在此模式下，精准捕捉市场商机是创业成功的前提与基础。

创意推动型创业则起始于创业者手中的创新概念或想法，这些创意需蕴含显著的商业价值才具有实际意义。创业者以此为引擎，驱动后续流程，包括评估潜在细分市场、调配资源、启动实施，并监测市场反应。在此类创业中，创意的商业潜力最终需通过市场细分中的实际或潜在商机来验证，确保创意能够有效转化为市场接受的产品或服务。

无论是商机诱发型还是创意推动型创业模式，市场回应均是不可或缺的环节，它直接衡量了创业者推向市场的产品或服务被市场接纳的程度。市场的积极回应不仅验证了创业者对商机的准确洞察与创意的有效实施，更是创业者的努力转化为经济价值的直接体现，对创业成功与否具有决定性意义。

（三）创业机会的来源

创业既可能是自然生成的，也可能需要创业者通过自身努力去创造，而大多数是后一种情况。若创业者要想赢得创业机会，那就需要明确并关注创业机会的来源。

（1）创业机会本质上源自变化与创新。它体现为一系列关键条件的集合，这些条件对于创业者启动和推进创业活动至关重要。其核心要素包括市场环境的动态变化以及创业者独特的创新创意。马云的成功案例便是一个有力的证明，他敏锐地捕捉到中小型企业对电子商务 B2C 平台的迫切需求这一市场机遇，同时凭借自身的创新能力，构建了满足这一需求的服务平台，从而有效利用了创业机会。

（2）变化主要是市场的变化或技术的发展。市场的变化，如新需求的产生、供求关系的调整、竞争态势的转移，是孕育商机的沃土。如果没有这些深刻的市场变迁，创业机会便无从谈起。同时，技术的发展作为另一重要驱动力，不仅响应市场需求的变化，更在创新商业模式、拓展盈利空间方面发挥着关键作用。因此，创业者洞察创业机会的关键，在于紧密关注市场与技术的双重变革。市场的每一次细微调整都可能预示着新需求的诞生，而技术的适时进步则为满足这些需求提供了可能。创业机会的成形，往往是市场与技术变革相互作用的结果，两者相辅相成，共同开启创业的新篇章。

二、创业机会识别

（一）创业机会识别的一般过程

1. 创业机会识别旨在应对并化解机会的不确定性

创业机会作为商机、创意、创业者能力及资源获取四大要素的复杂交织的产物，其本质蕴含了显著的不确定性。这种不确定性源于各要素自身的变动性以及它们之间关系的动态性。

（1）商机的波动性。商品市场的快速变化导致商机呈现出不稳定性的状态。市场需求可能因替代品的涌现而骤减，使得原本看似明朗的商机瞬间消失，这充分体现了商机固有的不确定性。

（2）创意与商机匹配的动态性。创意与商机的契合并非一成不变，而是需要随市场反馈和创意的实际效能进行的动态调整的过程。创意的主观构想与客观实效间的偏差，使得两者间的匹配状态始终处于不确定之中。

（3）创业者能力的验证性。即便创业者充满自信，其能力能否真正支撑创业实践的成功，也需在创业进程中逐步验证。在这一过程中，创业者能力的局限性可能会逐渐显现，从而增加了创业的不确定性。

（4）资源获取的挑战性。创业资源的获取高度依赖于外部市场，其存在性、可及性及交易条件均充满变数。资源的稀缺性、供给者的利益诉求等因素，都可能成为创业者获取所需资源的障碍，进一步加剧创业过程的不确定性。

鉴于上述要素的不确定性，创业机会的识别与评估成为创业者应对挑战、降低风险的关键环节。通过深入的市场调研、精确的创意评估、对自我能力的客观审视以及资源获取的多元化策略，创业者可以更有效地辨识创业机会，为创业的稳健推进奠定坚实的基础。

2. 创业机会识别的特殊性

创业机会识别的特殊性，深刻体现在其与一般性商机的显著区别及其复杂的识别过程中，具体表现如下。

（1）要素构成与差异性。创业机会由适当的商机、有价值的创意、可获取的资源以及团队的能力四大核心要素构成，这与一般性商机的主要区别在于以下三方面：首先，创业机会强调商机的可持续性，即蕴含着长期增长潜力，而非短期或一次性的盈利机会；其次，创业机会要求创业者具备创新能力，通过实施独特创意为客户创造新价值，而一般性商机则多依赖于通过现有产品满足市场需求；最后，创业机会适应于轻资产、小团队的创业初期环境，而一般性商机的利用则通常需大团队、重资产的支持。这些差异决定了创业机会识别需要更为专业和系统的知识体系。

（2）识别过程的复杂性。创业机会的识别是一个持续、深入的探索过程，其内在结构的复杂性远超一般性商机。由于创业机会多为潜在状态，需通过细致的市场调研、创意构思与反复论证来揭示其真面目。这一过程不仅要求创业者对市场细分有深刻理解，还需精准匹配创意与商机，并评估资源与能力的可行性。这种反复探索不仅增加了识别的难度，也提升了识别的准确性，确保创业者能够把握真正有价值的创业机会。

（3）从冲动到理性的桥梁。创业机会识别是将创业冲动转化为理性决策的关键环节。

理性的创业者深知，未经深思熟虑的机会评估将导致盲目行动，增加失败风险。因此，他们不会轻易将一般性商机等同于创业机会，而是通过系统识别过程，确保所选机会具备长期可行性和竞争优势。这一过程有效避免了因冲动创业而可能遭遇的市场竞争压力或商机转瞬即逝的风险，为创业者铺就了一条稳健前行的道路。

3. 创业机会识别的主要环节

在商机诱发型与创意推动型创业的框架下，创业机会识别均遵循同一套系统化的流程，以确保机会的准确评估与把握。以下是这一流程的关键环节。

环节一：商机的价值性分析。此环节侧重于评估商机的潜在市场价值，深入分析目标市场的规模、结构及其动态变化，特别是起始阶段的市场需求特征。明确客户群的分布及其人文特征，识别出领先客户群，这些客户不仅是初期市场开拓的重点，也是后续市场拓展的引领力量。行业趋势同样关键，成长型行业中的商机往往蕴含更大的商业潜力，而处于萎缩型行业则需谨慎评估，以避免市场需求的快速衰减。

环节二：商机的时效性分析。时效性分析旨在评估商机的持久性与市场需求的增长潜力。商机的持续时间直接关联到企业长期发展的可行性，而市场需求的成长性则决定了企业的成长空间。创业者需关注"机会窗口"，即在市场需求快速增长的阶段迅速切入市场，以最大化利用市场红利，并奠定企业的竞争优势。

环节三：机会要素的匹配性分析。该环节强调商机、创意、资源与能力之间的协同作用。创业机会的形成依赖于这四者的紧密匹配，商机与创意的契合度是基础，确保创意能够有效解决市场需求；创业者能力与创意的匹配则确保创意的顺利实施；同时，资源的可得性也是不可或缺的一环，支持创意向现实产品的转化。任何一环节的不匹配都可能削弱创业机会的可行性。

环节四：机会的风险收益性分析。在确认商机具备商业价值、持久性及匹配性后，创业者还需进行风险收益权衡。机会往往伴随着不确定性，创业者需评估潜在风险与预期收益之间的比例，确保收益充分覆盖风险成本，达到个人或团队的"满意"标准。这一分析有助于创业者做出是否值得冒险的决策，是创业行动前的最后一道把关环节。

（二）相关因素对创业机会识别的影响

1. 创业者对于创业机会基本特征的认识

创业者对创业机会基本特征的深刻理解是有效识别机会的前提。当前，部分创业者仍存在误区，将细分市场中的单一商机等同于创业机会，忽视了其作为商机、创意、资源与能力四要素综合体的本质。因此，创业者需具备对商机价值性、时效性的精准判断力，以及识别这四大要素间匹配度与整体风险收益性的能力。只有深刻认识到创业机会是这些要素相互协同、优化配置的产物，创业者才能准确辨识并把握那些真正具备成长潜力和实施可行性的创业机会。

2. 创业者的先前经验

创业者的先前经验，作为商业实践的积累，对其识别创业机会的方式与深度产生深远影响。丰富的商业实践经历使创业者倾向于从商机、创意、资源、能力四要素的综合匹配度来全面审视创业机会，形成更为深刻和全面的机会认知。相反，经验相对匮乏的创业者则可能局限于单一维度，难以捕捉到创业机会的完整面貌。此外，创业者在过往商业实践中的职位层级也影响其视角的广度与深度，高层级经验往往赋予创业者更全面的市场洞察力和机会评估能力。

进一步而言，创业者的成功与受挫经历同样塑造了其面对新商机的态度与决策行为。过往的成功实践不仅增强了创业者的自信与积极心态，还提升了其分析新商机的能力，使其更倾向于在理性评估后把握适合自己的创业机会。相反，若创业者历经多次挫折，可能会对新商机持怀疑态度，即便面对适宜的创业机会也可能因顾虑重重而错失。在此情境下，加入成熟创业团队或许成为这类创业者更合适的选择，以借助团队力量规避个人认知局限，共同探索创业之路。

3. 创业者对领域知识的掌握程度

随着现代经济步入"后工业社会"，领域知识在驱动创业活动及提升创业者机会识别能力中的作用日益凸显。具体而言，具备特定专业技能的创业者，如精通软件技术者，在识别相关行业创业机会时往往展现出显著优势。此类创业者因其深厚的专业知识背景，能够更深入地理解所在细分市场的供求动态、竞争格局及发展趋势，从而精准把握市场脉搏，发掘潜在商机。相比之下，缺乏相应专业与行业知识的创业者，在识别同领域创业机会时则可能面临较大障碍，难以达到前者的高度敏锐性和准确性。

4. 创业者的悟性及灵感

悟性是一种深入理解和分析事物本质，以及触类旁通的思维能力，其核心在于直接洞察因果关系，实现从结果追溯原因，再由原因预见结果的循环逻辑。而灵感，则是在探索过程中偶遇机缘机而触发的心理飞跃，它以突如其来的洞见、精神的高涨与创造的突破为标志，超越了理智的束缚，展现出突发性、瞬时性、高度兴奋与创造性突破等特质。富有悟性与灵感的创业者，往往能够迅速且深刻地把握创业机会，展现出超越常人的敏锐与深度。值得注意的是，灵感并非无源之水，它根植于广泛的知识积累、丰富的实践经验、深刻的思考与智慧的交融之中。因此，为更有效地识别创业机会，创业者需在商业实践中不断磨砺与提升个人的悟性与灵感，以此作为洞察商机的锐利武器。

三、创业融资分析

（一）创业融资的概念

融资作为资金流动与配置的核心过程，其狭义范畴特指资金的筹集，即资金需求方通过特定渠道和方式，以经济利益的让渡为代价，从资金供给者处获得资金支持，以满足其经济活动中对资金的迫切需求。而广义融资则进一步涵盖了资金的运用环节，整合了融资与投资双重活动，形成了一个完整的资本循环体系。创业融资则特指创业者为实现创意向商业实体转化，采取多元化渠道与策略，高效筹集资金以启动并发展企业的行为。在此过程中，创业者需精准把握新创企业各成长阶段的资本需求特性，紧密结合创业蓝图与企业战略规划，科学设定资本结构，精准量化资本需求，确保融资活动的有效性与合理性。

（二）创业融资的重要性

企业的运营与发展，无论处于何种阶段，均离不开资金的坚实支撑。对于新创企业而言，其资金需求尤为迫切。在形成自主现金流之前，新创企业需投入大量资金于技术研发、存货采购与生产、市场推广、人力成本及员工培训等多个方面。此外，追求规模经济效益与应对产品或服务开发的长周期特性，进一步加剧了新创企业在初创阶段的资金压力，使其亟须广泛筹集资金以维系运营。

创业融资对于创业者来说，其重要性不言而喻，主要体现在三方面：首先，资金是企业生存与发展的命脉，是生产经营活动的起点与基础，资金链的稳定直接关系到企业的存续，任何断裂都可能是致命的打击；其次，合理的融资策略能有效降低创业风险，通过精心选择融资渠道与方式，控制资金成本，从而在新创企业的财务稳健性上筑起一道防线；最后，科学的融资决策不仅是解决当前资金问题的关键，更是为企业长远发展奠定坚实基础的重要手段，它如同为企业植入"健康基因"，确保了新创企业在复杂多变的市场环境中保持可持续发展的活力与潜力。

（三）创业融资难的原因

1. 新创企业的不确定性大

相较于成熟企业，新创企业在资产规模、销售业绩及雇员数量等方面均处于劣势，且伴随高度的不确定性，这种不确定性主要体现了企业在技术突破、产品竞争力及商业模式可行性方面面临的诸多挑战，直接影响了风险投资决策者的资本投入意愿及策略选择（如倾向于一次性全额投入或分阶段审慎注入）。此外，不确定性还增加了新创企业与外部投资者之间达成基于特定条件或状态依赖的融资协议的难度，迫使企业承担更高的外部融资成本。综上所述，创业活动内在的不确定性不仅模糊了商业机会的真实价值评估，也对外部投资者准确评判创业者把握机遇的实际能力构成了挑战。

2. 企业和资金提供者之间的信息不对称

在融资过程中，企业与资金提供者之间的信息不对称现象显著，具体体现在以下三个层面。

（1）创业者作为信息优势方，对创业项目的创意内核、技术细节、商业模式、个人能力、团队构成、产品特性、市场潜力及企业创新能力等关键要素拥有更为详尽的认知，而投资者则相对处于信息劣势地位，难以把握项目全貌。

（2）出于保护商业机密的考量，创业者在融资谈判中往往倾向于对敏感信息进行保密处理，尤其是在低门槛行业中，这种保密倾向更为显著。虽此举旨在防范潜在的知识产权风险，但无形中增加了投资者信息甄别的难度与成本，限制了其在有限信息基础上作出决策的效能。

（3）新创企业因处于创业或成长初期，往往缺乏充分的经营历史与财务记录，企业规模有限且运营透明度不高，财务信息亦呈现出非公开性特点。这一系列因素共同作用，使得潜在投资者难以有效获取并准确评估创业者及新创企业的真实状况，进而影响了投资决策的精准度与效率。

3. 资本市场欠发达

相较于发达国家，中国资本市场尚不成熟，存在若干制约新创企业融资的关键因素。具体而言，市场内缺乏专注于中小企业服务的融资机构及适配新创企业特性的融资产品，导致融资渠道相对狭窄；企业上市门槛较高，限制了众多潜力新创企业快速接入资本市场的可能性；产权交易市场发育不足，影响了资本的有效流动与优化配置；同时，缺乏一个由高素质投资者构成的群体，难以为新创企业提供充足且专业的资金支持。上述因素共同作用使得新创企业在融资过程中面临诸多挑战与限制。

4. 创业融资难的其他原因

与既有企业相比，新创企业在融资方面还具有其他明显劣势，包括缺少相应的抵押和担保、单位融资成本较高、资金的安全性难以评估、创业者的人力资本定价困难等。

创业者主导的创业融资行为与创业者个人或团队拥有或控制的资源程度相关。因此，创业者的融资能力、创业导向以及创业者的社会网络会影响到融资成功的可能性。

四、创业融资渠道

融资渠道是指企业筹集资本的方向与通道，体现了资本的源泉和流量。融资渠道主要由社会资本的提供者及数量分布决定。了解融资渠道的种类、特点和适用性，有利于创业者充分利用和开拓融资渠道，实现各种融资渠道的合理组合，有效筹集所需资金。目前，中国创业融资渠道主要包括私人资本融资、机构融资、风险投资、政府扶持基金和知识产权融资等。

（一）私人资本融资

1. 个人积蓄

在创业融资的多元化途径中，尽管存在极少数未动用个人资金便取得成功的案例，但普遍而言，个人积蓄构成了创业融资的基础。这不仅因为其成本效益最优且能直接体现对企业的控制权，更在于在寻求外部融资时，投资者往往将创业者的个人资金投入视为重要考量因素。因此，创业者普遍倾向于将个人积蓄注入新创企业，这既彰显了他们对项目前景的坚定信念，也表明了他愿意在未来持续投入时间与精力。这一行为进而成为债权人信心的基础，保障了债务融资的顺利进行。此外，个人积蓄的投入还承载着创业者共享成功果实的期待，激励他们不懈追求创业梦想。

对于寻求更广泛的资金支持的创业者而言，股权融资是一条重要途径。这包括与合伙人共同创办合伙企业，或通过公开市场及私募股权等方式吸引更多投资者，组建公司制企业。在此模式下，个人合伙人或股东不仅提供资金，而且是创业团队的核心成员，他们的个人积蓄是企业初创阶段宝贵的资金来源。

家庭作为社会与经济活动中的重要单元，在创业融资中扮演着不可或缺的角色。基于亲缘、地缘、商缘等紧密联系的社会网络，家庭为创业者提供了情感与资源的双重支持。家庭储蓄，作为个人积蓄的延伸，往往成为创业者初期融资的重要补充，进一步强化了创业者的资金基础。

然而，值得注意的是，尽管个人积蓄是创业融资的起点，但其局限性亦不容忽视。特别是对于资金需求庞大的大型企业或资本密集型项目而言，个人积蓄往往难以满足其长期发展需求，仅是融资版图中的一小块拼图。因此，创业者需积极探索多元化融资渠道，结合政府补助、风险投资、银行贷款等多种方式，以构建更加稳固的资金保障体系，支撑企业的持续成长与扩张。

2. 亲友资金

对于新创企业而言，亲友资金作为创业者个人积蓄之外的重要补充，其基于深厚人际关系的特性使之成为常见的融资选择。在利用这一资源时，创业者需遵循现代市场经济的原则，通过明确的契约安排与法律框架来规范融资行为，确保双方权益，预防潜在纠纷。具体而言，创业者应首先界定融资性质，区分投资与借款，并界定相应的权利与义务。特别是借款需明确利率与还款期限，以体现公平交易原则。同时，书面协议不可或缺，无论是投资入股还是借贷行为，均应以书面形式记录，作为未来合作的基础与保障。

此外，创业者还需审慎评估亲友融资对人际关系的潜在影响，尤其是创业失败的风险考量。在寻求资金支持前，应坦诚与亲友地讨论融资可能带来的利弊，特别是创业过程中的不确定性与挑战，确保亲友在充分了解风险的基础上作出决策。此举不仅是对亲友负责任的表现，也是维护双方长远关系、减少未来潜在冲突的有效策略。

3. 天使投资

天使投资作为一种非正规化的创业投资模式，其核心在于个人或非正式投资机构向拥有独特技术或创新理念的初创企业提供启动资金，与企业共担创业初期的高风险，并期待分享未来成功的高回报。这种投资主要集中于原创项目构思阶段及小型新兴企业的初期发展阶段，为创业者跨越资金门槛提供了关键支持。

天使资本的构成呈现多元化，主要源自以下三大群体：其一，是那些拥有创业经历的先行者，他们凭借过往的实战经验与敏锐的市场洞察力，为志同道合的创业者注入资金；其二，是传统意义上的高净值个人或富豪阶层，他们凭借雄厚的财力背景，成为众多创新项目背后的坚实后盾；其三，则是来自大型高科技企业或跨国公司的高层管理者，他们不仅提供资金，还将丰富的行业资源与管理经验带入初创企业，助力其迅速成长。此外，在部分经济发达的国家，政府也积极参与天使投资，通过设立专项基金或提供政策优惠，扮演起引导与促进的角色，进一步拓宽了天使资本的来源渠道。

（二）机构融资

1. 银行贷款

比较适合创业者的银行贷款形式主要有抵押贷款和担保贷款两种，此外包括政府无偿贷款担保、中小企业间互助机构贷款及其他贷款方式。对于缺乏经营历史和缺乏信用积累的创业者来说，获得银行的信用贷款较为困难。

（1）抵押贷款。抵押贷款指借款人以其所拥有的财产作为抵押物，以此作为获得银行贷款的担保。在抵押期间，借款人仍是可以继续使用其抵押的财产。抵押贷款有以下几种：①不动产抵押贷款，是指创业者以土地、房屋等不动产作为抵押物，从银行获取贷款的方式；②动产抵押贷款，是指创业者可以使用机器设备、股票、债券、定期存单等银行承认的有价证券，以及金银珠宝首饰等动产作为抵押物，从银行获取贷款的方式；③无形资产抵押贷款，它是一种创新的抵押贷款形式，适用于拥有专利技术、专利产品的创业者。他们可以用专利权、著作权等无形资产向银行作抵押或质押，以获取贷款。

（2）担保贷款。担保贷款是一种借款模式，借款人需要提供符合法定条件的第三方保证人作为还款保障，以确保在借款人无法履行还款义务时，银行可以依据协议要求保证人承担连带责任，进行贷款清偿。对于创业者来说，两种尤为适宜的担保贷款形式包括自然人担保贷款与专业担保公司担保贷款。自然人担保贷款允许创业者通过自然人作为担保方，采取抵押、权利质押或直接保证等多种形式获取贷款；而专业担保公司担保贷款则依托专业担保机构的力量，为创业者提供更为专业化和规范化的贷款担保服务。

（3）中小企业间互助机构贷款。中小企业互助机构贷款体系是一种创新的金融支持制度，旨在促进中小企业与银行间的资金融通。该体系通过依法设立的担保机构以担保形式为中小企业债务人提供信用背书，确保在债务人违约无法履行债务时，担保机构将按照合同约定承担代偿责任，从而有效保障银行债权的实现。此制度不仅为中小企业创业与融资开辟了便捷通道，减轻了其融资难度，同时也分散了金融机构面临的信贷风险，促进了银行与中小企业之间的紧密合作，共同推动了金融市场的稳健发展。

（4）其他贷款方式。创业者在资金筹集的过程中，可以灵活利用多种银行贷款方式以支持其创业活动。例如，针对购置沿街商业房产的需求，创业者可将商业房产作为抵押物，申请商用房贷款；对于车辆采购（如轿车、卡车、客车及微型车等），可通过汽车消费贷款实现融资。此外，创业者还享有多样化的银行贷款选项，包括但不限于：托管担保贷款，该方式依托专业机构提供担保以增强贷款安全性；买方贷款，适用于采购原材料或商品时的资金需求；项目开发贷款，专项支持创业项目的研发与建设；出口创汇贷款，针对具有出口潜力的企业提供资金支持以促进外汇收入；票据贴现贷款，通过贴现未到期票据快速获取现金流，以满足短期资金需求。这些贷款方式共同构成了创业者灵活融资的广泛选择。

2. 非银行金融机构贷款

非银行金融机构作为金融体系的重要组成部分，主要通过发行股票、债券及接受信用委托等方式筹集资金，并将这些资金导向长期性投资领域。依据相关法律法规，此类机构涵盖信托公司、企业集团财务公司、金融租赁公司、货币经纪公司、保险公司、小额贷款公司等经中国银行保险监督管理委员会（或其相应监管机构）核准设立的实体，以及农村和城市信用合作社、典当行等特定的得共金融服务的实体。创业者可以利用这些多样化的非银行金融机构渠道，获取生产经营所需的资金支持，从而有效减轻资金压力，推动创业项目的顺利发展。

3. 变易信贷和融资租赁

交易信贷是在企业间的日常经营与商品交易活动中常见的信贷安排，它源于延期付款或预收款项的实践，为企业在筹办及运营阶段提供新的资金筹措的途径。企业通过延迟支付设备、原材料或商品款项，可暂时利用供应商的资金支持；反之，通过预收客户账款，亦能提前获取资金流动性。这种信贷方式有效促进了资金在企业间的灵活调配，满足了企业的短期资金需求。

对于创业者而言，融资租赁作为一种创新的融资手段，特别适用于快速获取长期性资产（如设备）。融资租赁的核心在于转移与资产相关的重大风险与收益，其灵活性体现在资产所有权的选择性上。此模式不仅融合了资金与实物的双重支持，还促进了技术与贸易的同步更新，对中小企业尤为有利。由于租赁公司在必要时可回收并处理租赁物，降低了对承租企业资信与担保条件的要求，使得中小企业更易于获得融资支持。此外，融资租赁作为"表外融资"方式，不直接增加企业负债，维护了良好的资信形象，为中小企业开辟了多元化的融资渠道。在筹建阶段，通过融资租赁迅速获取设备使用权，不仅确保了企业按时开业运营，还有效缓解了初期的资金压力，使资金得以更高效地投入主营业务，增强了企业的现金流生成能力，并保持了财务偿付能力的稳健。

4. 从其他企业融资

尽管企业在多数情况下作为资金需求方，但在特定行业或企业发展阶段，如公用事业企业或成熟期的企业，可能会积累闲置资金，这些资金可以通过对外投资实现增值。对于拥有闲置资金的企业而言，创业者可以采取双重融资策略：一方面，可吸引其作为股权投资者，注入股权资本以增强企业资本实力；另一方面，也可协商借款协议，将这部分资金转化为质权资本，为创业项目提供灵活的财务支持，同时赋予出资方未来潜在的收益权。

（三）风险投资

风险投资是由专业机构提供的一种资本形式，专注于注入极具增长潜力的新创企业，并积极参与其经营管理，以期获得权益回报。值得注意的是，中美两国在风险投资的定义与投资对象上存在差异，这主要源于两国经济发展阶段与行业结构的差异。在中国这一发展中国家的环境下，尽管高科技行业备受关注，但众多传统行业如零售、农产品等，因受益于庞大的市场基础与迅猛的发展，其市场增长潜力与回报率往往不亚于高科技行业。因此，中国的风险投资策略展现出更为宽广的视野，不仅青睐高科技项目，同时也对包括教育、医疗保健在内的传统行业项目展现出浓厚兴趣，力求在多元化的投资布局中捕捉增长机遇。

1. 风险投资的特点

风险投资的核心特征可概括为以下几点。

（1）股权式投资策略。风险投资主要面向创业期的中小型企业，尤其是新兴高科技企业，采取股权方式注入资本。这一过程中，常采用渐进投资模式与灵活多样的投资工具，旨在构建"风险共担、收益共享"的合作机制，以适应创业企业的实际需求。

（2）深度参与企业成长。风险投资家往往具备丰富的行业经验，他们不仅提供资金支持，更积极参与投资企业的日常运营与管理，以弥补初创企业在管理经验上的不足，并有效控制投资风险。

（3）以整体企业为经营焦点。与专注于具体产品经营的传统投资不同，风险投资侧重于整个新创企业的成长潜力。其目标是支持企业创立，并在适当时机通过股权转让实现资本增值，而非追求对企业的长期控制或高持股比例。

（4）组合投资策略。鉴于风险投资对象多为处于创业阶段、高新技术领域的中小企业，这些企业往往缺乏盈利历史且失败率较高，因此，实施组合投资策略至关重要。风险投资家会投资于一系列项目组合，通过长期运作，利用成功项目的退出收益（如上市或被收购）来弥补失败项目的损失，最终实现整体的高回报目标。

2. 风险投资选项的原则

风险投资在筛选潜在投资目标时，秉持着极为审慎的态度，其严苛的标准确保了仅有极少数企业能够脱颖而出，获得宝贵的资金支持。为了提高获得融资的成功率，创业者需深入理解风险投资的项目评估标准，即所谓的"创业投资三大定律"。

第一定律强调了风险规避的原则，即风险投资倾向于避免那些包含多重风险因素的项目。这意味着，在评估过程中，任何项目若面临研究开发、产品、市场、管理或成长等多方面的挑战，其获得青睐的可能性将大幅降低。

第二定律通过公式 $V = P \cdot S \cdot E$ 量化了项目评估的综合考量，其中市场潜力（P）、产品或服务的独特性（S）以及管理团队的素质（E）共同决定了项目的总考核值（V）。这一公式直观展现了风险投资决策过程中的关键考量维度，提示创业者需在这些方面不断优化，以提升项目吸引力。

第三定律则明确了投资决策的最终导向，即在收益与风险平衡的前提下，风险投资将优先投资于总考核值最高的项目。这要求创业者不仅要关注单一指标的提升，更要致力于项目整体竞争力的全面提升。

此外，职业风险投资者通常倾向于保持非控股地位，给予创业管理层充分的自主权，以促进企业的自主发展与决策效率。因此，创业者在初期融资时应合理规划融资额度，避免在未来融资过程中过度稀释股权，从而丧失对企业的控制力。天使投资作为风险投资的一种广义形式，虽在资金来源上有所不同，但其对项目的评估逻辑与风险投资机构相似，均强调对项目潜力与团队能力的深度挖掘与评估。而狭义的风险投资则特指由专业机构进行的投资活动。

3. 创业者获得风险投资的渠道

创业者寻求风险投资的途径多种多样，每种途径都有其独特的优势与局限性。

（1）直接邮件联系。这是最为直接且成本最低的方法，创业者通过向风险投资机构的公开邮箱发送创业想法或商业计划书。该方法尽管门槛低，但竞争激烈，成功率也相对较低，因为投资者每天都会收到大量的此类邮件，真正获得关注并成功融资的案例并不多。

（2）参加行业会议与创业训练营。此类活动为创业者提供了与众多投资人面对面交流的机会，是快速建立联系的有效途径。然而，时间的限制可能使得深入交流变得困难，同时此方法对创业者的说服能力和沟通技巧提出了较高要求。此外，虽然接触面广，但能否真正建立实质合作关系还需视具体交流情况而定。

（3）朋友介绍。借助已有融资经验或已获风险投资的朋友的引荐，创业者能显著提升融资成功率。介绍人的信誉与经验为创业者背书，有助于初步建立与投资方的信任关系。然而，这种方式受限于朋友网络的广度和深度，可能难以接触到所有潜在的理想投资人。

（4）聘用投资银行或融资中介。专业机构的介入大大提高了融资效率与成功率。他们凭借对市场的深入了解和对投资人的熟悉程度，能有效促进创业者与投资人的沟通。同时，投行的专业信誉也为项目增色不少。然而，相应的服务费用也较高，是创业者需要权衡的重要因素之一。

综上所述，创业者应根据自身实际情况与资源条件，灵活选择最适合自己的融资途径，以实现高效、成功的融资目标。

第六章

创业实践

第一节　商业模式的设计与创新

一、商业模式概述

（一）商业模式的含义和特征

1. 商业模式的含义

商业模式是企业与内外部利益相关者之间复杂交易关系的总和，它是界定企业如何通过特定途径实现盈利的核心框架。这一框架源于创业者的商业创意，这些创意基于对市场机会的敏锐洞察与逻辑构建，进而演化成支撑企业持续运作的商业模式。一个精心设计的商业模式，往往是企业成功的重要基础，它明确了企业如何创造价值、传递价值并最终捕获价值。

具体而言，商业模式是一个综合系统，旨在最大化地满足消费者需求。该系统精心组织并管理企业的各类资源，包括资金、原材料、人力资源、运营流程、销售网络、信息资产、品牌与知识产权，以及企业所处的外部环境和创新能力等关键要素（输入变量）。通过高效整合这些资源，企业能够创造出独特且不可或缺的产品与服务（输出变量），这些产品或服务是消费者无法自行生产或难以从其他渠道轻易获取的。因此，商业模式不仅是一个盈利机制，更是一个具备独特核心竞争力、运行高效且完整的价值创造与传递体系。

2. 商业模式的特征

长期从事商业模式研究与咨询的专业人士指出，卓越的商业模式普遍展现出三大核心特征。

（1）成功的商业模式能够创造并传递独特的价值主张。这种独特性可能源自创新思维的直接应用，但更常见于通过产品与服务之间的精妙组合而实现的差异化优势。这种组合策略旨在为客户带来增值体验，可能表现为额外价值的赋予、成本效益的显著提升，或是同等成本下更高品质服务的享受，从而深化客户忠诚度并增强市场吸引力。

（2）难以复制性是成功的商业模式的另一显著标志。优秀的商业模式不仅要求企业具备自我复制的能力，以扩大市场份额，更关键的是要构建出竞争对手难以轻易效仿的壁垒。这往往依赖于企业深厚的内部能力积累，如卓越的客户服务体系、高效的运营执行能力等，这些能力共同提高了行业准入门槛，确保了企业利润空间的稳固。以直销模式为例，尽管其运作机制广为人知，但戴尔公司凭借背后复杂的资源整合与高效生产流程，成为了该领域的佼佼者，其模式难以被其他企业轻易复制。

（3）成功的商业模式强调务实性与可持续性。企业需秉持量入为出、稳健经营的原则，确保收入与支出之间的健康平衡。这一原则看似简单，实则要求企业在长期运营中保持清醒的财务意识，深刻理解盈利来源、客户偏好及市场细分中的盈利与非盈利客户群体。许多企业在快速发展中容易忽视这些基础问题，导致利润流失与资源错配。因此，脚踏实地、精细管理成为衡量商业模式成功与否的重要标尺。

（二）商业模式的构成要素和逻辑

1. 商业模式的构成要素

近年来，"商业模式"一词在高层讲话、网络媒体、创业精英及投资基金中频繁出现，已成为探讨新经济不可或缺的关键词汇。越来越多的企业开始深刻认识到商业模式的重要性，它不仅是资本市场甄别企业的核心要素，更是企业取得商业成功的根本驱动力。以下是对商业模式重要性的详细阐述。

（1）商业模式是企业盈利的基础和核心。商业模式是企业实现盈利的途径与方式的系统性设计。它决定了企业的运营方式、资源配置、价值创造与传递机制，以及最终的盈利结果。一个优秀的商业模式能够清晰地界定企业的盈利路径，确保企业在激烈的市场竞争中保持竞争优势和可持续发展能力。

（2）商业模式决定企业的竞争优势和市场地位。通过设计合适的商业模式，企业能够更好地捕捉市场机会和竞争优势。商业模式能够帮助企业明确市场定位、目标客户群、产品与服务特色等关键要素，从而制定出差异化的竞争策略。这种差异化不仅体现在产品和服务上，更体现在企业的整体运营模式和价值主张上，有助于企业在市场中脱颖而出，占据有利地位。

（3）商业模式有助于优化企业资源配置和提高运营效率。商业模式涵盖了企业的产品、服务、销售渠道、营销策略、客户关系等多个方面。通过合理的搭配，商业模式能够优化企业的资源配置，提高运营效率。例如，通过数字化转型和智能化升级，企业可以更加精准地把握市场需求，优化供应链管理，降低运营成本，提高客户满意度和忠诚度。

（4）商业模式能够提升企业品牌价值和市场竞争力。商业模式的成功实施往往伴随着企业品牌价值的提升和市场竞争力的增强。一个优秀的商业模式能够塑造出独特且吸引人的品牌故事，增强消费者对企业品牌的认知和情感连接。同时，通过持续的创新和优化，商业模式能够不断满足市场需求，巩固和扩大市场份额，提升企业的市场地位和影响力。

（5）商业模式是企业生存和发展的关键。在快速变化的市场环境中，企业需要不断调整和优化商业模式以适应市场变化。商业模式创新不仅能够为企业带来新的增长动力和竞争优势，还能够帮助企业应对各种挑战和风险。例如，通过跨界融合和数字化转型等创新手段，企业可以开辟新的市场空间，拓展业务范围，实现可持续发展。

（6）资本市场对商业模式的重视。资本市场在评估企业价值时，越来越注重商业模式的重要性。一个具有创新性和可持续性的商业模式能够吸引更多的投资者关注和支持，从而为企业带来更多的融资机会和资本支持。因此，企业在制定发展战略时，需要充分考虑商业模式的设计和创新，以提升自身在资本市场中的竞争力和吸引力。

2. 商业模式的逻辑

商业模式作为企业运营的核心框架，其核心紧密围绕着价值主张、盈利模式、价值传递与价值获取这四大要素构建，这些要素相互交织，共同驱动着企业以顾客为中心解决价值创造问题。

价值主张是商业模式的灵魂，它明确了企业如何针对性地满足客户需求，解决市场痛点。这不仅包括产品或服务的差异化特性，更在于如何创造并传递超越客户期望的价值体验，从而建立深厚的客户关系并获得市场认同。

盈利模式是商业模式的经济基础，它定义了企业如何从其价值创造活动中获取经济回报。这涉及收入结构的设计、成本的有效控制以及盈利目标的实现路径。一个清晰的盈利模式能够确保企业在市场竞争中保持财务健康，实现可持续发展。

价值传递作为连接企业与客户的桥梁，关注的是如何将创造的价值高效、准确地送达目标客户。这要求企业优化分销渠道、制定有效的营销策略、并提供卓越的客户服务，以确保价值主张能够顺利转化为市场接受度与顾客满意度。

价值获取是商业模式成功与否的最终检验标准，它衡量的是企业从市场活动中实际获得的经济回报。这不仅关乎定价策略与收入模式的设计，更在于如何通过不断创新与优化，提升整体价值链条的效率与效果，从而最大化企业的盈利潜力。

综上所述，商业模式是一个以顾客为中心，围绕价值主张、盈利模式、价值传递与价值获取这四大核心要素构建的系统性解决方案。这四个要素相互依存、相互促进，共同构成了商业模式的核心竞争力，推动着企业在激烈的市场竞争中不断前行，实现可持续发展。

二、商业模式的设计工具及商业模式创新

如今企业之间的竞争早已不是简单的产品之间的竞争，更多是商业模式之间的竞争，这凸显商业模式在当今的重要性。对于初创的企业更是如此，所有的创业者都应该明白，企业的成功与否成大程度上取决于其商业模式的成功与否。

（一）商业模式设计的基本要求

一个好的商业模式要符合五个方面的标准，即定位要准、市场要大、扩展要快、壁垒要高、风险要低。

1. 定位要准

首先，我们必须清晰地界定目标客户群体，深入了解他们的需求、偏好及未被满足的痛点。通过市场调研和数据分析，我们能够精准地描绘出目标客户的画像，为产品或服务的开发提供明确的方向。同时，对行业环境的全面梳理也是不可或缺的，包括了解竞争对手的策略、市场规模与增长潜力、以及行业未来的发展趋势。基于这些信息，我们可以制定出既符合市场需求又具有差异化的产品发展战略，规划出能够解决客户问题、提供独特价值的产品或服务。这样的定位不仅能让客户感受到我们的产品或服务的独特之处，还愿意为此付费，从而奠定商业模式成功的基础。

2. 市场要大

在选择目标市场时，我们必须寻找那些具有快速增长潜力、规模大且持续增长的市场。这样的市场不仅为我们提供了广阔的发展空间，也确保了收入的稳定性与可持续性。为了评估市场的潜力，我们需要进行详尽的市场调研，包括市场规模的测算、市场增长率的预测，以及市场细分与目标客户群体的界定。同时，我们还需要关注市场趋势和消费者行为的变化，以便及时调整市场策略，把握市场先机。一个优秀的市场定位应能让我们在市场中占据有利位置，通过有效的营销手段吸引并留住大量客户，从而实现商业模式的快速扩展与盈利增长。

3. 扩展要快

为了实现商业模式的快速扩展，我们需要从多个方面入手。首先，产品或服务本身的收益是基础，我们应确保它们具有足够的市场竞争力和盈利能力。其次，我们可以通过提高产品附加值、形成新的利润点来进一步提升盈利能力。例如，提供增值服务、制定解决方案或加强售后服务等都可以提升客户的满意度和忠诚度，从而增加收入来源。此外，我们还可以围绕产品核心设计新产品或服务，形成互补的产品线或解决方案，进一步拓展市场。在资金运作方面，我们可以通过优化现金流管理、加速资金周转来挖掘潜在利润。同时，流程优化也是不可忽视的一环，通过剔除无效流程、提升运营效率来降低成本并创造新的利润空间。这些措施将共同推动商业模式的快速扩展与盈利增长。

4. 壁垒要高

为了构建高壁垒，我们需要将商业模式与自身独有的优势紧密结合。这些优势可能包括技术专利、品牌影响力、独特的商业模式或运营流程等。通过确立自己的独特优势并提供独特价值，我们可以提高后进者的进入门槛，使自己不易被赶超。为了实现这一目标，我们需要持续投入研发和创新，保持对市场的敏感度并灵活调整策略。同时，加强与供应商、合作伙伴及客户之间的紧密合作也是提升壁垒的有效手段之一。通过构建稳固的生态系统来增强自身的竞争力并抵御外部威胁。总之，高壁垒是商业模式设计中不可或缺的一环，它将确保我们在激烈的市场竞争中保持领先地位并实现可持续盈利增长。

5. 风险要低

为了降低风险并确保商业模式的稳健运行，我们需要进行全面而深入的风险评估。这包括识别可能面临的各种风险如市场风险、财务风险、运营风险等，并制定相应的风险管理策略来应对这些风险。在评估风险时，我们需要关注外部环境的变化如政策调整、市场竞争加剧等可能带来不确定性的因素。同时，我们也需要审视内部运营的各个环节如供应链管理、财务管理等可能存在的漏洞和隐患。通过综合评估风险并制定相应的应对措施，我们可以确保风险可控并被有效管理。此外，优秀的商业模式还应使企业具有发展成为行业龙头和产业链主导者的最大可能性，而不是在开始发展时就受制于人。这要求我们具备前瞻性的战略眼光和强大的执行能力以应对未来的挑战并抓住机遇实现跨越式发展。

（二）商业模式的设计工具

1. 初创企业商业模式设计的工具——精益创业画布

精益创业画布是创业者把握创业项目的核心，抓住事物的本质的有力工具。它主要包括以下基本要素。

（1）客户细分。在创业初期，对创业者至关重要的是要明确目标客户群体，即确定服务的具体对象。这一决策基于市场细分的重要性，因每个客户群体均展现出独特的特征与需求，无任一产品能全面覆盖所有市场层级。精确识别并深度挖掘用户需求，是确保产品或服务高度定制化、直击用户核心诉求的关键。创业应从细分市场切入，明确领域，通过精准满足该领域的客户需求来奠定市场基础，进而逐步拓展业务边界。值得注意的是，客户结构可能单一（如早期 QQ 专注于用户端），也可能复杂（如滴滴出行平台需兼顾乘客与司机等多边用户群体），这要求创业者具备全面审视与平衡各方需求的能力，以确保商业模式的有效运行与持续发展。

（2）需求痛点。痛点是指特定目标人群尚未得到充分满足的刚需，这些需求往往具备高频次、紧迫性强的特点，它们既可能是显性的、已察觉却未获实现的需求，也可能是隐性的、潜在待发掘的期望。以滴滴出行平台为例，它精准捕捉到了用户在短途出行中难以即时叫到车的痛点，通过提供高效的在线叫车服务，革新了出行方式。在评估此类需求时，需审慎考量是否存在替代性解决方案及其效能，如滴滴出现前出租车服务存在的不足，便是乘客与司机间信息不对称导致的低效匹配问题。共享单车市场亦然，针对短距离出行的传统方式（如公交、步行、出租车）存在的耗时或成本问题，共享单车以灵活租赁的形式，有效降低了时间与经济成本，精准填补市场空白，满足了用户的潜在需求。同时，在评估此类需求时也需关注潜在竞争对手的动态及其差异化竞争优势。

（3）解决方案（产品/服务）。针对目标客户群体存在的具体问题，创业者需设计切实可行的解决方案，该方案需确保能够有效解决用户痛点，且具备足够的吸引力，促使用户愿意投入时间与金钱。若产品仅是创业者自我设想的产物，而未能赢得目标客户的实际认可与购买意愿，则表明方案可能偏离了市场需求。因此，采用精益创业方法论尤为关键，通过快速迭代开发最小化可行产品（MVP），以最低成本、最快速度验证市场假设与产品构想。MVP 的市场反馈是评估方案有效性的关键指标。若客户积极接纳，则验证了创业者设计思路的正确性；反之，则需及时回归原点，深入挖掘客户需求，重新审视并调整产品设计，直至精准对接市场，实现产品与需求的完美契合。

（4）独特价值定位。在解决方案的设计过程中，创业团队需形成高度一致的价值认知，这涵盖企业及用户两个核心层面。在企业层面，价值定位体现为企业的愿景与使命，例如阿里巴巴秉持"让天下没有难做的生意"这一宏伟愿景，这一价值认知驱动其所有业务活动，如淘宝网、支付宝、菜鸟驿站等，均围绕简化商业流程、促进交易便捷展开，明确界定了企业的行动边界。在用户层面，价值定位则侧重于用户选择企业的理由及企业在用户心中的独特印象。以小米为例，其以"高品质、亲民价"为核心价值，不仅塑造了手机产品的市场定位，还成功将这一理念延伸至路由器、空气净化器等多元化产品线，构建了统一而鲜明的品牌形象。而京东则通过"物流快"这一差异化优势，在电商领域脱颖而出，特别是其投入的当日达服务，深刻影响了消费者的购物体验，成为京东品牌价值的又一重要标签。这两个层面的价值定位相互支撑，共同构成了创业团队在解决方案设计中的核心指导原则。

（5）核心竞争力。当企业踏入竞争激烈的市场，面对潜在及现有竞争者的涌入，构筑并强化核心竞争力成为关键。核心竞争力，简而言之，即企业掌握的难以被复制或替代的独特优势资源，具体体现为以下四大类别。

①无形资产。此类资源包括品牌、专利与特许牌照，它们是企业独特身份与市场地位的象征。品牌如星巴克，其全球独一无二的品牌形象赋予了产品溢价能力；专利则是对创新技术的法律保护，确保技术领先；而特许牌照作为行业准入门槛，如金融领域的保险、基金牌照，直接限制了竞争者的数量与范围。

②成本优势。通过技术创新、地理位置优势、规模经济或独特资产利用等方式实现的成本领先，是企业构建核心竞争力的另一重要途径。这种优势需难以被竞争对手轻易复制，如通过高效生产流程、原材料采购优势或优化物流体系来降低成本，从而在价格战中占据主动地位。

③转换成本。高转换成本是指客户在转向其他品牌或服务时需承担的显著经济损失或非经济损失（如时间、习惯改变、身份认同感丧失等）。企业通过忠诚度计划、会员制度、个性化服务等手段提升客户黏性，如中国国际航空的里程积分与差异化服务，不仅增强了客户忠诚度，也无形中提高了竞争对手的进入壁垒。

④网络效应。在互联网及社交平台尤为显著，网络效应表现为用户数量的增加直接导致平台价值的非线性增长。当用户群体达到一定规模后，新用户的加入将因为现有用户网络的存在而变得更加有价值，反之亦然。这种正反馈机制使得领先者难以被超越，因为新进入者难以在短时间内建立起同等规模的用户网络。微信的成功便是网络效应的典型例

证，用户因社交关系的沉淀而不愿轻易迁移至其他平台。

（6）触达用户。企业的产品或服务若要真正实现用户触达并深化其核心价值定位的认知，除了确保用户实际体验产品或服务外，还需集中于实现用户对企业核心价值理念的深刻感知。这要求企业在销售策略上精心布局，选择最适合的传播路径，无论是采用直销模式以建立直接而紧密的客户联系，还是依托传统渠道利用其广泛的覆盖面和影响力；无论是借助线上平台利用数字化手段提升市场渗透力，还是通过线下活动营造沉浸式体验以增强用户互动，关键都在于制定一套综合营销策略，该策略需涵盖创新的市场进入方式、精准的目标市场定位、以及能够"引爆"用户关注与参与度的创意推广举措。通过这些精心设计的操作层面计划与措施，企业不仅能促进产品服务的销售，更能在用户心中牢固树立其独特的价值定位。

（7）收入模型。这一要素涵盖了盈利模式、定价策略、利润率规划、收入与利润目标的阶段性平衡，以及交易主体与收入来源的明确界定。在构建收入模型时，创业者需考量产品是直接面向付费者还是使用者，并依据实际情况选择适宜的盈利模式，如商品销售、服务佣金、广告收入、订阅费或中介费等。定价模式则直接影响利润潜力，常见模式包括基于成本的定价（多见于传统行业），该模式强调成本覆盖与合理回报；基于需求与用户认知的定价，该模式下品牌价值成为提升溢价的关键；动态定价，如滴滴出行根据市场供需实时调整价格，以最大化资源利用效率。此外，融资计划、股权结构及融资方式作为收入模型的重要组成部分，亦需精心规划，以确保企业在不同发展阶段拥有充足的资金支持与合理的资本结构。

（8）成本结构。成本结构是创业者制定财务规划与资金分配策略时的关键考量因素，它直接关联到企业的利润潜力与竞争优势。成本结构的构建受多方面因素综合影响。

①与上游供应商的关系构建及议价能力是成本优化的重要一环。初创企业需通过时间积累与自身实力的提升，逐步增强在供应链中的话语权，以期获得更优惠的采购价格，从而降低原材料或服务的采购成本。

②企业的运营管理效率与水平对成本结构有着直接且显著的影响。高效的管理能够提升人均产出，减少不必要的费用支出，如管理费用等，进而为企业创造更大的利润空间。因此，持续优化运营流程、提升管理效能是成本控制的关键。

③融资策略也是成本结构中的重要组成部分。无论是股权融资还是债权融资，企业均需审慎考虑融资成本及其对企业财务状况的潜在影响。债权融资需关注利息支出成本，确保融资结构不会对现金流造成过大压力；股权融资则需权衡股份稀释比例与资金需求的平衡，避免过早或过度稀释股东权益。同时，选择恰当的融资时间点，以匹配企业的成长阶段与资金需求，同样至关重要。

（9）战略目标。在对前面几个要素模块进行分析之后，可以得出企业未来1~2年的目标，包括财务目标及其他方面要实现的目标。目标的设定应当是可以量化的。对早期创业企业来说，战略目标的确定需要兼顾以下两个方面：一方面是战略目标的内容，即企业应处于哪一个行业领域，针对哪些目标人群，提供什么样的服务或产品，以及期望达到什么样的效果；另一方面是战略目标的统一。然而，很多时候企业的高层非常清楚企业的战略目标和方向，但是员工甚至中间管理层都对企业的战略目标不了解。模糊的战略目标会导致企业中的各层人员各自朝着自己认为正确的目标前进，进一步导致资源分散，摩擦和扯皮现象频发。

（10）战略举措。战略举措是对实现战略目标企业需要做的工作。这里的战略举措一定要考虑企业各层面的内容，不单单是从业务策略的层面，还应考虑支撑层面的内容，如产品体系、运营管理、技术架构、战略合作，以及企业的支撑体系组织架构、人员管理、财务管理等，都应相互匹配才能有利于目标的实现。

精益创业画布其实就是在一张纸上，有 13 个空格需要填写，分别是目标客户细分、需求/问题/机会、解决方案/产品、战略价值定位、竞争优势、种子用户、替代方案/竞争对手、传播点、营销、成本结构、收入来源、战略目标和战略举措。

制作精益创业画布的步骤如下：第一步是将初步计划写出来，这里不要刻意追求最好的解决方案；第二步是找出计划中风险最高的部分，这才是要重点考虑的因素，是决定企业成败的关键；第三步是系统的测试计划，可以通过深度访谈、小范围试验，确定计划的可行性。

2. 企业创新商业模式设计的工具——商业模式画布

商业模式画布作为一种系统化的创新工具，旨在辅助创业者系统地构思与验证商业模式，减少决策过程中的不确定性，确保精准定位目标用户群（客户细分），并深刻理解其需求痛点（价值主张）。该画布通过直观展示商业模式的核心要素及其相互关联，不仅促进了多样化策略的灵活探索，还有效提升了企业满足用户个性化需求的能力。

在制作商业模式画布时，遵循一套逻辑严密的步骤至关重要。首先，明确目标用户群，这是商业模式构建的基础，确保所有后续策略均围绕用户需求展开。随后，根据用户需求提炼价值主张，设计独特的产品或服务以解决问题。紧接着，规划渠道通路，确保能够有效触达目标客户，促进价值传递。在此基础上，明确收入来源，探索盈利模式，同时识别并整合核心资源，为价值创造提供坚实支撑。此外，识别并发展与重要伙伴的合作关系，以共同应对市场挑战。最后，基于综合成本考量，合理定价，构建可持续的成本结构，确保商业模式的整体经济可行性。这一系列步骤环环相扣，共同绘制出一幅清晰、完整的商业模式蓝图。

（三）商业模式创新

1. 商业模式创新的含义

商业模式创新是一项旨在重塑企业价值创造核心逻辑的战略活动，它通过调整或重构商业模式中的多个构成要素，并优化这些要素之间的相互关系与运作机制，来实现顾客价值的显著提升与企业竞争力的全面增强。这一过程可能涉及对现有商业模式各环节的深刻变革，包括但不限于价值主张的重新定义、市场细分的精准把握、渠道通路的创新拓展、收入来源的多元化探索、核心资源的优化配置、重要伙伴关系的重构升级，以及成本结构的优化调整，从而驱动企业以全新姿态应对市场挑战，开辟增长新路径。

2. 商业模式创新的必要条件

商业模式创新企业具有以下几个共同特征，这些特征构成了商业模式创新的必要条件。

（1）商业模式创新企业致力于提供前所未有的产品或服务，或是以革命性的方式重塑既有产品或服务的提供方式，从而开辟全新的产业领域或市场蓝海。例如，京东商城虽然销售的书籍与传统书店无异，但是其独特的网络销售模式彻底改变了消费者的购物体验，充分展现了商业模式创新的魅力。

（2）商业模式创新企业的显著标志在于其商业模式中的多个核心要素与竞争对手存在显著差异，这种差异并非细微之处，而是体现在如产品选择范围、销售渠道、物流配送等关键方面。以京东商城为例，其广泛的商品选择、便捷的在线购物体验以及高效的自有物流体系，共同构成了区别于传统书店的独特商业模式。

（3）商业模式创新企业往往伴随着优异的业绩表现，这体现在成本控制、盈利能力以及构建的独特竞争优势上。这些企业能够通过创新的商业模式实现成本的有效控制，提升盈利能力，并在市场中建立起难以复制的竞争优势。如京东商城在存货周转速度上的卓越表现，正是其商业模式创新所带来的直接成果，这不仅提升了运营效率，也进一步巩固了其在电商领域的领先地位。

3. 现代商业模式创新的四个维度

企业推动商业模式创新是一个多维度、综合性的过程，其核心在于通过策略性地调整商业模式的关键要素，以适应市场变化、提升竞争优势并创造新的价值。这一过程可以归纳为以下四大维度：战略定位创新、资源能力创新、商业生态环境创新，以及这三者有机结合形成的混合商业模式创新。

（1）战略定位创新。战略定位创新侧重于企业的核心价值主张、目标客户群及顾客关系的重新定义。在竞争激烈的市场环境中，精准的战略定位是企业脱颖而出的关键。这要求企业明确其主要客户群体，深入理解并满足这些客户的特定需求，同时构建适宜的客户关系模式以增强客户黏性与忠诚度。通过战略定位创新，企业能够发现并抓住有效的市场机会，从而在竞争中占据有利位置。

（2）资源能力创新。资源能力创新涉及企业对自身资源与能力的高效整合与运用。关键活动与关键资源是企业核心竞争力的重要体现，资源能力创新旨在通过优化这些要素来推动商业模式创新。企业需识别并集中力量于那些能够创造价值且难以被竞争对手复制的资源，如独特的技术、品牌、人才等。在此基础上，通过创新性地运用这些资源，企业能够提升运营效率，降低成本，进而在市场中获得更大的竞争优势。

（3）商业生态环境创新。商业生态环境创新强调企业与其外部环境的协同共生，旨在构建一个可持续发展的共赢商业生态。这要求企业不仅关注自身的运营与发展，还要积极寻求与供应商、经销商、市场中介乃至竞争对手的紧密合作。通过构建良好的商业生态，企业能够整合外部资源，共享信息与资源，降低交易成本，提高整体运营效率。同时，一个健康的商业生态还能为企业提供持续的创新动力与广阔的成长空间。

（4）混合商业模式创新。混合商业模式创新是战略定位创新、资源能力创新与商业生态环境创新三者有机结合的产物。在实际操作中，企业往往需要同时从多个维度出发，综合考虑战略定位的准确性、资源能力的有效性以及商业生态的协同性。混合商业模式创新强调各要素之间的相互作用与相互依赖，任何一方面的创新都可能引发其他方面的连锁反应。因此，企业需具备全局视野与系统思维，灵活调整商业模式中的各个要素，以实现整体商业模式的持续优化与升级。

总之，商业模式创新既可以是战略定位创新、资源能力创新、商业生态环境创新三个维度中某一维度的单独创新，也可以是其中的两个甚至三个维度的结合创新，有效的商业模式创新正在成为企业家重塑企业、追求超值价值的有效途径。

第二节　创业计划书的内容与撰写

一、创业计划书概述

（一）创业计划定义

创业计划是创业者针对拟议创业项目所开展的一项综合性战略规划的活动，旨在全面整合人力、物力、财力及信息资源，明确经营哲学、发展目标与战略路径。其核心在于编制一份详尽且逻辑严密的创业计划书，该计划书需精准阐述企业愿景、发展目标及其实现路径的时间框架与资源需求，确保目标设定既雄心勃勃又切实可行。其制定过程主要围绕以下几个核心目标展开：一是深入剖析市场机遇，明确创业者对市场趋势的独到见解与期望达成的目标；二是详细论述创业者如何利用这些市场机遇并通过创新策略与高效执行来推动企业发展；三是系统识别并评估影响创业成功的关键因素，包括但不限于市场竞争、技术壁垒、法规环境等，同时规划风险防控措施；四是确立资金筹措策略，分析不同融资渠道的利弊，为企业的可持续发展奠定坚实的财务基础。

（二）创业计划书的作用

创业计划书是企业战略规划与经营管理的核心文档，不仅是指导企业从规划到实施、从发展到风险控制的全面蓝图，也是融资策略与投资回报预期的详尽阐述。其精心撰写的过程促使创业者深入剖析企业未来发展方向，明确战略着力点，通过系统性地规划市场进入策略、产品与服务创新路径、运营管理体系构建、风险识别与应对策略，以及详尽的财务规划与融资方案，创业者能够形成对企业长远发展路径的深刻洞察与精准把握。创业计划书主要有以下作用。

1. 明确企业发展方向

创业计划书是企业发展过程中的指路灯，在企业发展过程中起到指明发展方向的作用，让企业在具体事务的执行过程中有明确的方向。它帮助企业确定每一个发展阶段，分析每个发展阶段中的发展目标，找出该阶段的主要工作和中心任务。同时，创业计划书能够规范企业的执行与发展。它能够让企业按照之前确立的方向和蓝图执行下去，指导企业有步骤、有秩序地发展。

2. 全面了解企业发展

创业计划书不仅是创业者对企业未来愿景与路径的全面梳理与深刻洞察，更是指导企业精准定位目标客户、深入分析竞争环境、科学制定并高效执行营销策略的行动指南。其编制过程促使创业者系统评估项目的核心竞争力与潜在机遇，同时直面项目内在不足与潜在风险，进而基于这一全面而深刻的理解，进行针对性的竞争策略分析与选择，以确保企业在复杂多变的市场环境中能够扬长避短，有效把握市场先机，最终实现可持续的盈利增长。

3. 吸引投资者投资

创业计划书的一项重要功能就是招商引资，整合资源。一份优质的创业计划书会向投资者全面展示项目发展前景、项目优势、企业核心资源、项目投资回报等重要因素，投资者通过创业计划书分析项目的发展前景、投资回报收益，从而决定是否向创业者注资或提供资源。因此，创业计划书是打动和说服投资者的重要工具，优质的创业计划书会帮助创业者获得融资。投资者在众多的项目计划书中，会结合投资的评价标准进行评估，最终决定是否投资以及投资的具体项目。

4. 促进团队了解项目

创业计划书作为团队内部的战略导航，清晰阐明了企业的愿景与使命，并为创业团队成员设定了层次分明、连贯一致的短期、中期及长期发展目标。这份详尽的规划不仅激发了团队成员对企业宏伟蓝图的强烈共鸣与向往，更促使团队成员紧密团结，围绕共同目标齐心协力。它确保每一步行动都紧密契合企业发展战略，共同推动企业稳健前行，迈向成功。

（三）创业计划书的内容

创业计划书虽无固定模板，但其内容架构因为产品或服务特性及用途而灵活调整，核心在于详尽且全面地展现企业全貌。一般而言，一份完备的创业计划书遵循业界公认的框架，涵盖以下关键要素：企业概况概览、产品服务特色阐述、市场深度分析、选址策略考量、营销策略规划、法律组织形式界定、组织结构与团队介绍、成本预算预测、现金流管理计划、盈利前景展望及财务报表（包括资产负债表）等。这些内容的综合呈现，旨在为潜在投资者绘制一幅清晰的企业发展蓝图，增进其对创业项目的理解，同时促进创业者对企业运营策略的深度思考与优化。

1. 封面和目录

优秀的创业计划书封面设计应独具匠心，既展现产品或服务的独特魅力，又体现企业文化的精髓，旨在瞬间吸引审阅者的注意力。封面需精炼呈现企业基本信息，包括公司名称、地址、联系电话、核心团队联系方式，以及企业网址、二维码等现代通信元素，便于快速建立联系。同时，封面底部应谨慎标注保密提示，尊重知识产权。若企业已注册商标，应置于醒目位置，以强化读者品牌认知。紧随其后的目录页，则需条理清晰地列出计划书主体章节及附录内容，并附上对应页码，便于审阅者高效检索，全面把握计划书结构。

2. 执行概要

执行概要极为重要，是计划书开篇的精华之处。它应该以创业计划中各部分的顺序来描述，包括企业简介、产品或服务的描述和定位、市场分析、可行性分析、营销策略，管理团队与组织结构、财务分析、融资方案及风险投资的退出策略这些方面。

执行概要部分应重点向投资者传达五点信息：①创业企业的理念正确，且在产品、服务、技术等方面具有竞争优势；②企业的商业机会和发展战略有科学根据且经过深思熟虑；③企业团队具备管理能力，是专业的、有领导力和执行力的队伍；④创业者明确进入市场的最佳时机和方式，并预见到恰当地退出市场的时机；⑤企业的财务分析实事求是，投资者可以获得预期的回报。

3. 企业概况

企业概况是对拟建企业全面而精炼的概览，涵盖组织结构、业务性质界定、企业类型明确及未来业务蓝图展望等核心要素。此部分详尽阐述企业投资结构与额度分配制度，揭示股东构成及资金布局。同时，梳理关键供应链环节，包括供应商选择、分销商网络及商业伙伴合作策略，展现企业生态系统的构建思路。

4. 产品与服务

产品和服务是创业项目的核心，创业者对产品与服务的描述要详细、准确且易于理解，明确产品优势，同时对开发工作的进展程度及需要进一步推进的工作进行简要的说明。内容主要包括以下方面。

（1）产品或服务的名称、用途、概念、性能及特性。

（2）产品或服务在市场上的竞争优势。

（3）技术优势、功能优势、品牌优势及其保护措施。

（4）产品或服务的发展前景，包括技术与功能的变化、产品系列化、新产品计划以及可能遇到的风险与困难。

（5）产品或服务的核心理念。

（6）产品的技术开发状况。

企业产品或服务的市场前景和潜力是决定一个企业价值的重要因素。风险投资者对企业价值的评估首先是从企业的产品和服务开始的。因此，在创业计划中，必须提供所有与企业的产品或服务有关的细节，包括企业所进行的相关的市场调查。

5. 行业与市场分析

（1）行业分析。行业分析是对目标行业进行全面深入的洞察，旨在明确产业规模与价值创造潜力，并探讨企业在激烈竞争中如何立足与成长。集中分析主要竞争对手概况，揭示其市场导向与对环境变化的应对策略，为企业制定竞争策略提供参考。同时，应审视行业发展趋势，涵盖经济、社会、技术及政策法规等环境趋势，以及产业利润率波动、成本结构变化等业务趋势，以全面把握行业动态。在此基础上，对行业长期前景进行预测和阐述，为企业战略规划提供科学依据，确保企业能够灵活应对市场变化，抓住机遇，填补行业空白，实现可持续发展。

（2）市场分析。创业计划书的重要内容之一是市场分析，因为产品或服务只有进入市场才能实现其价值，进而提升企业的价值。市场分析应包括：①产品的需求程度、预计利益、市场规模、未来发展趋向及其状态，以及影响需求的因素等；②市场竞争情况，包括企业所面临的竞争格局、主要竞争者、本企业产品的市场机会、市场预计占有率，以及本企业进入市场可能引起的竞争者反应及其影响等；③市场现状，包括目标顾客、目标市场，以及本企业的市场地位、市场价格和特征。

没有市场，再好的产品或服务也无法实现其价值。创业计划应深入分析市场的潜力、目标市场的定位以及市场目标，要细致而深入地分析经济、地理、职业、年龄以及心理等因素对消费者选择购买本企业产品所起的作用。

创业者要通过反复多次的调研来确定目标市场，并对市场进行细分。大多数成功企业都是从细化的目标起步的，也只有这样才能做到专业化与品牌化。企业必须进行准确的市场定位，这是产品或服务能否在市场上生存的关键。

创业者需要根据产品（服务）的特性和企业的情况在细分市场中选择一个或几个目标市场，并结合企业的目标、产品、优势、劣势以及竞争者的战略等因素，说明为何选择这种市场定位，以及顾客为什么会愿意购买企业的产品（服务）等。

在市场分析中，一定要结合调研报告来做分析。用数据说话，避免主观臆断。如果企业已经掌握了一些订单或合同意向书，可以直接出示给投资者，因为这些材料会有力地证明产品的市场前景。

6. 选址

企业选址是战略规划的关键环节，需综合考量多方面因素以确保决策的科学性与合理性。首要关注的是劳动力市场的匹配程度，包括劳动力素质、工资水平以及供给稳定性；同时，需评估供应商与消费的分布情况，确保供应链的高效运作与市场需求的有效覆盖。此外，社区支持、地方税收政策、区域市场需求潜力及当地金融机构对新企业的支持力度也是不容忽视的因素。在选址过程中，还需细致分析供应商数量、距离及物流成本，优化供应链布局。最后，针对特定行业，还需特别关注劳动力技能需求与技术配置要求，确保选址决策能够全面支撑企业的长期运营与发展。

7. 营销计划

营销计划主要描述产品或服务的分销、定价以及促销策略，是创业计划中的一个重要组成部分，本部分内容包括价格定位、促销手段、销售计划（如渠道、方式）等，主要侧重于阐明产品进入目标市场的方式、广告发布渠道以及销售方式。应简述企业销售策略，如何使用销售代表或内部职员，以及如何使用代理商、分销商或是特许商等渠道。

（1）总体营销战略。营销战略是指导产品（服务）成功达成市场目标的系统性理念，其核心在于从战略视角规划产品（服务）如何精准切入目标市场，并有效捕获市场价值。这一过程不仅要求明确产品（服务）的独特价值主张与市场定位，还需深入分析其特性与市场需求之间的契合点，以确立进入市场的最佳切入点及"渗透"路径。通过这一战略高度的规划，企业能够清晰勾勒出产品（服务）的市场进入策略，为后续具体的定价、分销渠道选择及促销策略制定奠定坚实基础，确保整个营销活动围绕核心目标高效展开，最终实现市场价值的最大化。

（2）产品战略。产品战略是营销战略中不可或缺的一环，它直接关系到企业如何通过精准设计的产品（服务）来满足客户需求，并在此过程中实现盈利。与单纯的产品（服务）描述不同，此部分着重强调产品战略在营销层面的运用与成效。它要求企业不仅关注产品的功能完善与用户体验优化，更要通过创新的营销策略，将产品的独特价值准确传达给目标客户群体，以塑造品牌形象、增强市场竞争力。通过精心策划的产品战略，企业能够更有效地吸引潜在客户，激发其购买欲望，从而在市场中占据有利位置，实现可持续发展与盈利增长。

（3）定价战略。定价策略在营销策略中占据举足轻重的位置，它直接关联着企业的盈利潜力与市场定位。它不仅关乎企业从每笔交易中获取的利润额度，更是向目标市场传递产品价值层次与市场定位的关键信号。合理的定价策略能够精准反映产品的品质、成本结构以及目标消费群体的支付意愿，从而有效区分产品是定位于高端奢华还是亲民实惠。通过精心设计的价格体系，企业不仅能够实现利润最大化，还能在消费者心中建立起清晰且一致的品牌形象，进而增强市场竞争力，确保长期稳健发展。

（4）分销战略。这一部分需要说明两个关键问题：销售渠道的长度和宽度。关于长度，要说明在产品和顾客之间经过的环节数量——是否涉及代理商、批发商，采用零售，还是直销方式。同时，要结合创业企业、市场、产品的特征来说明做出这种选择的原因。关于宽度，要说明企业的市场销售覆盖范围有多广，销售点的分布情况以及为何如此布局。

（5）促销战略。促销即促进销售，其作用在于促进企业和顾客之间的信息交流以及销售或购买行为。其主要分为促销战略和促销方式两个层面。

在战略层面上，需要从促销的目标、产品的性质、生命周期阶段以及市场等角度进行思考。要清楚地说明向谁促销——是中间商还是顾客？根据产品的性质、产品所处的生命周期阶段以及市场特征，采取怎样的促销方法才是最适合的？

在战略层面的基础上要说明促销的方式：是采取人员促销，即依赖于推销员或者营销机构进行推销，还是采取非人员促销方式，如广告宣传、营业推广、公关促销（包括新闻宣传、展览会、公益活动等）。如采用非人员促销方式，则需要详细说明广告的制作与发布方式、营业推广的具体策略以及公关活动的规则与实施。

8. 法律形式

在决定企业创业模式时，创业者需审慎权衡独立创业与合伙创业的利弊，特别是若选择合伙创业路径，则初始资本的分配便成为关键议题。选择企业的法律形式并无固定标准，需依据实际情况灵活判断，这要求创业者深入洞悉不同法律形式下的权责分配、税务处理及运营灵活性等核心要素，进而选取与企业创业计划最为契合的组织架构。尽管各企业运营架构间存在微妙差异，但核心关注点在于明确界定在企业运营面临风险时，谁将承担最终的法律与财务责任。这一决策对于确保企业稳健运营、有效应对潜在挑战至关重要。

9. 组织结构与创业团队

绘制企业组织结构图是一个系统工程，旨在直观展现企业内部各部门的架构、职责分工以及管理层次。此图应清晰界定各部门之间的协作关系，确保信息流通顺畅，资源分配高效。同时，配套的人力资源管理体系，包括报酬体系、股东与董事会构成、职工绩效考核与激励机制，是企业吸引并留住人才、激发团队潜能的关键。

在构建组织结构时，需强调科学性与精细度，这不仅是对创业管理团队专业能力的直接体现，也是投资者评估企业潜力的重要维度。合理布局产品设计与开发、市场营销、生产作业管理、财务管理等核心部门，确保团队成员间形成互补优势，共同推动企业稳健前行。

创业团队的专业性与独特性应得到充分展示，包括成员间高度的职业道德、卓越的能力素质以及非凡的团队协作精神。团队构成应人才济济且结构合理，每位成员均能在其专长领域内独当一面，如产品设计创新、财务管理精准、市场营销高效等，共同支撑企业持续的成长需求。

此外，详尽的股权架构说明，包括创业者、董事会成员及其他投资者的持股比例，以及专业顾问和服务机构的引入，均体现了企业治理结构的透明度与专业性。这些元素共同构成了企业稳健运营的基础，降低了经营风险，为企业的长远发展奠定了坚实基础。

10. 财务计划

（1）成本预测。新创企业在成本规划时，需明确区分固定成本与变动成本以精准预算。固定成本，作为在一定时期内及特定业务规模下维持稳定的费用支出，涵盖了固定场所租金、企业筹建初期的一次性开办费用、保险保费、必要的工商管理费用以及资产折旧损耗等，这些成本不随生产活动或销售量的增减而变动。相对地，变动成本则紧密关联于企业运营活动的动态变化，包括直接材料成本、水电消耗、燃料费用以及与销售直接相关的市场推广与分销开支等，它们随着产量或销售量的增减而相应波动。在预测总成本时，企业应采取分类测算策略，先分别估算固定成本与变动成本各组成部分，随后将两者汇总，以全面把握并有效控制整体运营成本。

（2）现金流量管理计划。针对特定时期的计划销售与资本支出预期，现金流量管理计划需精确识别并突出显示定时性的额外融资需求，明确界定营运资金的最大需求峰值。该计划应详尽列出预期现金流的流入与流出金额及具体时间节点，包括销售收入、应收账款回收、应付账款支付、日常运营开支等，以构建全面的现金流预测模型。在此基础上，分析并预测必要的额外融资额度及其时间点，特别是在营运资金需求达到高峰时期，应规划通过股权融资、银行贷款等多元化融资渠道获取额外资金的具体方案，明确融资条件、融资成本及偿还计划。同时，探讨现金流预测对企业内外部因素变动的敏感度，如市场波动、成本结构变化、利率调整等，以便灵活调整策略，确保企业现金流的稳健与安全。

（3）营利情况预测。预测未来数年的资产损益表，需全面考量产品或服务的销售收入、成本费用及净利润变动趋势，以量化分析企业盈利能力。这一预测需明确揭示覆盖所有成本（包括随生产与销售规模变动的变动成本，如制造费、劳动力成本、原材料采购及销售费用，以及不随业务量变动的固定成本，如利息支出、固定薪资、租金及折旧费用等）所必需达到的销售与生产水平。通过构建详尽的损益预测模型，企业能够实际地检验其盈利能力，确保在动态市场环境中持续实现盈利目标，为创业企业的稳健成长提供坚实的财务基础。

（4）资产负债表。提供新企业拥有的资产和负债等方面的估价，反映某一时刻的企业状况，它表明未来不同时期企业年度或半年度的财务状况，投资者可以利用资产负债表中的数据得到的比率指标来衡量企业的经营状况及可能的投资回报率。

11. 风险管理

在企业发展进程中，常面临四大核心风险：其一，生产风险，涉及市场波动，如客源流失、需求疲软及价格波动，直接冲击产品市场表现；其二，竞争风险，主要源于主要竞争对手的经济实力、价格优势及市场认可度，深刻影响企业竞争力；其三，管理风险，主要集中于企业内部管理活动，如人事变动、关键员工流失等，这些会引发的企业不稳定性，间接干扰产品开发与生产流程；其四，环境风险，主要涵盖国家产业政策调整、行业规范变革及宏观经济环境变化等外部因素，对企业运营构成潜在威胁。创业者在进行风险分析时，务必详尽阐述上述风险隐患，评估其潜在影响，并向投资者展示已制定或拟采取的风险缓解与防控策略，旨在通过有效管理风险，保障企业稳健运营，提升整体收益水平。

12. 风险资本退出

在商业计划书中，向投资者明确展示资金退出的路径是吸引投资的关键要素之一。因此，该部分应详尽阐述企业未来多种可能的退出机制，包括但不限于通过首次公开募股（IPO）实现上市，将股份出售给第三方战略或财务投资者，以及创业者回购投资者所持股份的方案。每种退出途径的描述都需具体而详尽，辅以市场分析、行业先例及财务预测等客观数据，以量化展示投资者在不同退出情境下可能实现的投资回报率。通过透明化退出策略，旨在增强投资者信心，促使其安心注入资金，共同推动新创企业的成长与价值最大化。

二、创业计划书的撰写

一份优秀的创业计划书往往能够引起潜在投资者的特别关注。如果创业计划书撰写专业、语言流畅，且有严密的调查数据支撑，那么阅读者很容易把这些优点和创业者本人的能力联系起来。为了使创业计划书脱颖而出，并最终获得风险投资者的青睐，创业者应认真做到以下几点：①确保企业创意的价值性，并拥有高素质的管理团队；②认真负责地按专业的商务格式进行编排和准备；③创业计划书的执行摘要应简洁明了，论之有据。因此，在将创业计划书递交给投资者或其他利益相关人员审阅前，要确保其简明扼要、条理清晰、内容完整、文字流畅、表述精确。

（一）计划书要简洁清晰

创业者应以精炼的语言概述企业愿景与现状，确保信息条理分明，便于读者快速捕捉关键信息，形成初步判断。

（二）排版装订要整洁

计划书的排版与装订需体现专业水准，目录清晰、章节分明，图表与附录有序排列，同时严格校对，避免语法、拼写及排版错误，以展现创业团队的严谨态度。

（三）捕捉读者兴趣点

扉页与实施概要作为留给读者第一印象的关键，应精心撰写，力求在极短时间内激发读者兴趣，通过精炼而有力的语言概述项目亮点，让投资者产生深入了解的欲望。

（四）计划要有美好愿景

创业者应擅长运用鼓舞人心的词汇，描绘企业未来发展的宏伟蓝图，展现产品或服务所蕴含的巨大市场潜力与社会价值，激发投资者的信心与期待。

（五）保持客观真实

在阐述销售潜力、收入预测及增长潜力时，务必坚持实事求是的原则，避免任何夸大其词的表述。一份可信的计划书应基于详实的数据与合理的分析，而非煽情广告式的渲染。同时，应提供最佳、最差及最可能的多种情景方案，以展现全面而客观的市场洞察。

（六）直面风险，展现应对能力

对于创业过程中可能遇到的关键风险，应坦诚相告，并强调创业团队具备有效的危机管理策略与风险驾驭能力。这不仅体现了团队的成熟度与透明度，也增加了投资者对项目的信心。

（七）强调团队优势

管理部分应突出创业团队的管理智慧与资源整合能力，通过具体事例或成就展示团队的专业素养与协作精神，向投资者传递出团队是项目成功的核心保障这一强烈信号。

（八）精准定位目标市场

目标市场评估需清晰界定目标客户群体，分析其特征与需求，明确市场细分策略。这一部分是营销与财务规划的基础，对于确保计划书的逻辑连贯性与说服力至关重要。

（九）持续优化，精益求精

创业计划书的完善是一个迭代的过程，需经过多次审阅与修改。在此过程中，应积极吸纳外部专家及潜在投资者的反馈意见，不断优化计划书的内容与呈现方式，以确保其既专业又易于理解，最终赢得投资者的青睐。

三、创业计划的展示

一份创业计划撰写完之后，接下来需要做的就是向投资者或合作伙伴展示你的创业计划，以引起他们的兴趣并使其接受你的创业计划，从而为你的企业提供资金或其他形式的支持。

（一）展示前的准备工作

1. 再次熟悉创业计划书

在展示创业计划书之前，必须十分熟悉其内容，做到胸有成竹，以备答辩。不仅要熟悉创业计划书中所写的内容，更要了解计划书中判断或预测的依据，并准备证明材料，这样有利于说服投资者。

2. 重视创业计划书演练

在正式呈现创业计划书之前，团队应进行多轮模拟演练，广泛邀请不同背景与视角的听众参与，以便多维度收集反馈与建设性意见。此过程不仅能够有效提升展示内容的精准度与吸引力，增强与潜在投资者的沟通效果，还能全面锻炼与强化团队协作能力、应变能力及自信心，为成功路演奠定坚实基础。

3. 准备合适的展示方式

最常用的展示创业计划书的方式就是幻灯片演示（注意 PPT 播放格式是 4：3 还是16：9），它可以有效地帮助你表达，尤其是销售预测、财务报表等这类数据性的内容，用表格、柱状图、饼状图或绘制的增长曲线图等方式呈现会更加形象有效。当然，还可以通过一些简短的音频或视频方式来展示。

4. 合理安排成员及分工

为了更有效地展示创业计划书，往往可以采用团队方式来合作展示。但人数一般不宜过多，3 人左右比较合适。这样也能体现出团队的合作精神。

5. 研究你要会见的对象

在展示创业计划书之际，团队应充分利用多渠道信息收集手段，深入了解即将会见的对象，包括但不限于其背景、过往经历、行业见解及偏好等，以构建详尽的人物画像。通过深入剖析，预测其潜在关注点与思维倾向，力求做到知己知彼，从而在展示过程中精准对接其兴趣点，有效提升沟通效率与效果，确保展示内容能够直击要害，实现战略上的"百战不殆"。

（二）向投资者陈述计划书

创业计划书的陈述环节，通常由主讲人依托精心准备的幻灯片演示文件，向投资者系统阐述项目精髓。此过程不仅是项目亮点的全面展示，也是创业者个人魅力与能力的展现。主讲人需精准提炼创业计划的关键点，以饱满的热情与富有感染力的语言进行阐述，确保信息传递高效且引人入胜。开场需匠心独运，迅速捕获投资者的兴趣；演讲中巧妙融合肢体语言与音量调节，保持听众注意力高度集中；结尾则应铿锵有力，重燃投资者信心，激发其投资意愿，为项目赢得更多支持与机遇。

第三节 目标市场的选择与企业创办

一、选择合适的市场

（一）市场细分

市场细分和市场定位是新创企业能否成功运作的真正核心要素。新创企业所有重要决定和策略都主要取决于市场调查、市场细分、目标市场的选择与市场定位。

1. 市场细分的概念

所谓市场细分，是指创业者通过市场调查，依据消费者的需求、购买力、购买行为、购买习惯以及地区文化等方面的明显差异，将某一产品的整体市场划分为若干个消费者群体过程。简单来说，就是确定"哪是我们的目标市场？"

2. 市场细分的意义

市场细分对企业的核心价值在于深化其市场洞察能力。由于市场本质上是由多元化、差异化的消费者群体构成的，每位消费者都具有独特的特征集合与需求体系，这些错综复杂的特性相互交织，构成了市场的复杂性。面对这样的格局，不进行细致入微的分析，难以全面且深刻地理解市场全貌。市场细分作为一种高效的分析工具，通过多维度标准将市场拆解重组，如同透过多棱镜观察市场，使企业能够既精准把握各细分市场的独特属性，又洞悉其间的内在联系，从而构建起对市场既清晰又全面的认知框架。在此基础上，企业能够深入分析各细分市场的需求现状与满足缺口，精准识别并把握市场机遇，为制定有效的市场进入与拓展策略奠定坚实基础。

（1）市场细分有助于企业发现最佳的市场机会。即使在市场供给看似饱和，竞争者遍布各个角落的情况下，市场细分依然是企业挖掘独特市场机遇的有效手段。消费者需求的多元化与动态性决定了市场中总存在着未被充分满足的需求缺口。通过精细化的市场细分，企业能够深入洞察消费者群体的细微差异与潜在需求，从而精准定位未被竞争者触及的市场缝隙。这种策略不仅有助于企业规避直接竞争，还能开辟全新的细分市场领域，在某些情况下，一次精准独到的市场细分甚至能够引领企业开创一个前所未有的市场蓝海，实现跨越式发展。

（2）市场细分有助于企业确定经营方向，开展针对性的营销活动。在浩瀚无垠的市场海洋中，任何企业均难以全面覆盖所有消费者的需求，而需集中其能力范围内最为契合的细分市场。因此，明智地选择目标市场，以最大化发挥企业资源优势，成为关键所在。市场细分策略为企业提供了这样的洞察工具，它通过对市场的细致剖析，帮助企业识别并评估各细分市场的潜力与竞争态势，从而避免资源过度集中于单一畅销产品而引发激烈竞争。

3. 市场细分的准则

要做好市场细分，必须遵循下列五点准则。

（1）异质性。市场细分的核心在于精准捕捉并反映市场中固有的异质性，即确保各细分市场内消费者具有鲜明的独特偏好与需求差异。这种差异性越大，细分市场的战略价值就越突出，因为它为营销管理者提供了设计差异化营销策略的坚实基础。若细分未能有效揭示市场中的异质性特征，那么它就无法为目标市场营销提供实质性帮助，也无法针对不同细分市场制定针对性的营销战略。因此，在选择细分标准时，营销管理者应秉持严谨态度，优先考量那些最能凸显市场异质性的维度，以确保细分结果既具洞察力又具实操性，为后续精准营销战略的制定奠定坚实基础。

（2）足量性。有效的市场细分应确保每个细分市场具备足够的规模，能够支撑起一套特定的营销组合策略的实施。这意味着，即便营销管理者集中于某单一细分市场，该市场也必须蕴含足够数量的潜在顾客，以保证市场细分不仅具有理论意义，还能在实践中为企业带来实质性的市场机会与增长潜力。唯有如此，市场细分才能真正发挥指导营销决策、优化资源配置的战略价值。

（3）可衡量性。细分市场必须能够清楚界定并加以区分，且每个细分市场内的规模大小及其购买力也应该可以清楚衡量。

（4）可接近性。营销管理人员应该能够通过其营销组合，有效地接触并服务于该细分市场。

（5）可回应性。以公司的资源和能力来看，营销人员应该至少能找到并进入一个划分出的细分市场，否则该细分市场的细分动作便失去意义。

4．影响市场细分的因素

实施市场细分策略时，无论是针对消费者市场还是产品市场，均需依托科学合理的细分依据。消费者市场的细分维度主要涵盖地理、人口统计、心理及行为特征等多元变量，这些变量共同构成了细分市场的基础框架。相应地，产品市场的细分则需考虑地理位置、顾客类型、购买量、产品用途、采购条件、采购策略、采购优先级、客户关系及购买习惯等因素，这些因素精准反映了不同顾客群体在产品需求与采购行为上的差异。

5．市场细分的程序

市场细分是市场分析中的重要环节，作为一个过程，通常需要经过下列程序来完成。

（1）选择研究产品或市场范围。将要进行细分化的市场，应与企业任务及企业目标相联系。

（2）确定市场细分的形式。市场细分的形式可以是一种，但更多的是两种以上的结合，选择的根据通常是既往营销活动的结果与经验。

（3）在选定的细分形式中，挑选出具体的细分变量作为分析单位。

（4）设计并组织调查。目的是取得与已选细分变量有关的数据和其他相关资料。当然，调查对象应是相关联的消费者或用户。

（5）分析、估量通过调查而确定的各个细分市场的规模和性质。

（6）选择目标市场，并设计相似市场营销策略。

（二）目标市场

1．目标市场概念

目标市场，简而言之，即企业战略规划中旨在通过营销活动予以满足的特定市场领域，它代表着企业为达成既定经营目标而精心选择并致力于渗透的市场空间。这一选择过程体现了企业对市场需求、竞争态势及自身资源能力的综合考量，旨在通过精准定位与高效营销，实现企业价值与市场份额的双重提升。

2. 目标市场的评价

一个企业可以从以下四个方面对目标市场作出评价。

（1）目标市场的潜量。理想的目标市场应展现出足够大的需求潜量，这是确保市场具有充分发掘空间与增长潜力的关键前提。同时，市场规模的适宜性亦不容忽视，唯有那些既符合企业发展战略又蕴含丰富增长机遇的潜量规模，方能构成具有吸引力的目标市场。在评估市场需求潜量时，需全面考量消费者群体的规模及其购买力水平，两者缺一不可，共同构成了判断市场潜力与可行性的核心依据。

（2）目标市场内的竞争状况。若目标市场内已聚集众多企业，尤其是实力雄厚的企业，则意味着市场竞争将异常激烈，企业进入该市场的成本与风险随之攀升。相比之下，竞争者数量稀少、实力薄弱或市场地位不稳固的目标市场，因其较低的进入难度与较高的增长潜力，显得更具吸引力。此外，潜在竞争对手的威胁亦不容忽视，他们可能通过增加产能来争夺市场份额，因此，目标市场的进入壁垒成为评估其吸引力的重要维度。从行业利润视角出发，高进入壁垒与低退出壁垒的组合被视为理想状态，这样的市场能有效保护在位企业的利益。同时，替代品的存在也对目标市场的吸引力构成潜在限制。替代品不仅限制了价格与利润的增长空间，还可能削弱市场需求的稳定性。因此，评估目标市场时，需密切关注替代品的市场动态，包括现有替代品及潜在替代品的发展趋势。最终，企业自身的竞争实力是决定目标市场选择自由度的关键因素。实力强劲的企业拥有更广阔的选择空间，能够灵活应对不同市场的挑战；而实力相对较弱的企业，在选择目标市场时需更加审慎，确保所选市场与其资源能力相匹配，以降低经营风险，实现可持续发展。

（3）目标市场所具有的特征与企业总目标和资源优势的契合程度。企业的资源优势是其市场竞争力的核心体现，涵盖资金储备、技术研发、生产规模、经营管理效率及地理位置等多个方面。这些优势的有效发挥，高度依赖于对消费者需求特点的精准把握与深度契合。当企业资源能够精准对接并满足消费者需求时，不仅能够最大化地释放资源潜力，实现资源的高效配置与利用，还能为企业带来显著的市场增长与竞争优势。反之，若企业资源与消费者需求脱节，即便资源再丰富，也可能导致资源闲置与浪费，影响运营效率，甚至可能因市场反应不佳而蒙受重大损失。因此，企业在制定市场策略与资源配置计划时，必须深入洞察消费者需求，确保资源优势的发挥能够紧密围绕市场需求展开。通过持续的市场调研与消费者行为分析，企业可以更加精准地识别并把握市场机遇，从而优化资源配置，提升资源利用效率，最终实现企业与市场的双赢局面。

（4）目标市场的投资回报水平。企业十分关心目标市场提供的盈利水平。高投资回报率是企业所追求的，因此必须对目标市场的投资回报能力作出正确的估测和评价。

（三）企业涵盖市场的方式

企业选定目标市场的策略灵活多样，主要可归结为两大路径：一是通过深入细致的市场细分，精选一个或多个细分市场作为专注领域；二是直接面向产品的整体市场，不进行细分。在同质市场中，由于消费者需求趋于一致，企业无须进行复杂的市场细分，可直接将整体市场作为目标市场。

对于选择市场细分策略的企业，可采用"产品—市场矩阵方法"来精准定位，具体包括以下五种模式。

（1）产品市场集中化。此模式下，企业集中于单一细分市场，提供单一标准化产品，以精准满足特定顾客群体的需求。这种策略有助于企业快速建立市场认知，但需注意防范市场变化带来的风险。

（2）产品专业化。企业专注于某一特定产品领域，但面向多样化的顾客群体。通过调整产品档次、质量或款式以适应不同顾客需求，展现出高度的产品灵活性与适应性。

（3）市场专业化。企业锁定某一特定顾客群体，为该群体提供多种性能各异但相关联的产品。这种策略要求企业深刻理解目标顾客群的需求变化，以维持长期的客户关系。

（4）选择性专业化。企业精心挑选几个具有吸引力的细分市场进入，并针对每个市场提供差异化的产品。此策略要求企业具备敏锐的市场洞察力和高效的资源调配能力，以确保各细分市场均能实现盈利。

（5）全面覆盖化。大型企业为追求市场领导地位或全面垄断，会选择覆盖所有细分市场，提供多样化的差异化产品。然而，对于资源有限的大学生新创企业而言，此策略因实施难度与成本高昂而基本不可行。

（四）目标市场选择策略

企业选择涵盖市场的方式不同，其营销策略也随之不同。归纳起来，有三种不同的目标市场选择策略可供企业选择：无差异营销、差异性营销、集中性营销。

1. 无差异营销

在无差异营销策略下，企业针对同质市场或推断消费者需求高度趋同的情境，将整体市场视为单一目标市场，忽视个体间的细微差异，专注于满足共性需求。此策略的核心在于推广标准化产品，通过统一设计的营销组合策略，集中资源于共性市场的广泛覆盖与大力推广，旨在最大范围的吸引并满足潜在消费者群体，从而实现市场份额的有效扩张。

2. 差异性营销

企业采用差异化营销策略时，会将整体市场细分为多个子市场，并从中精心挑选两个或更多细分市场作为目标市场。针对每个选定的细分市场，企业会量身定制独特的市场营销组合方案，涵盖产品、价格、渠道及促销等多个方面，以确保营销活动的精准性与有效性。通过全方位、多角度地实施这些针对性强的营销策略，企业能够更有效地触达并满足各细分市场的特定需求，从而在多个市场领域内建立竞争优势。

3. 集中性营销

企业在实施集中性市场策略时，不追求整体市场的广泛覆盖，也不分散资源于多个细分市场，而是将主要力量集中于某一特定的细分市场（或该市场的进一步细分区域）。针对这一细分市场，企业精心设计并推出符合其独特需求的产品，同时实施高度专业化的生产和销售策略。此策略的核心在于，企业通过深度挖掘与满足特定细分市场的独特需求，获取该领域内较高的市场占有率，甚至达到支配地位，而非在整体市场或更大的细分市场中追求分散且有限的份额。

上述三种策略各有优缺点，企业选择哪一种策略，都必须从企业的特点和条件出发，并充分考虑以下因素。

（1）产品特性是关键考量因素之一。对于同质产品，如大米、小麦等，由于消费者需求普遍一致，对质量的细微差别不甚敏感，且市场竞争主要围绕价格展开，故适合采用无差异性目标市场策略，即面向整体市场推出统一标准的产品。相反，对于服装、化妆品、家用电器等异质产品，消费者需求差异显著，对产品的功能、款式、品质等有多样化要求，因此更适合采取差异性目标市场策略，通过细分市场并制定差异化营销方案，以更好地满足特定消费群体的独特需求。

（2）产品生命周期考量。企业在新产品初入市场时期或成长期，常采用无差异策略，旨在广泛探测市场需求与潜在顾客群体，同时有效控制市场开发成本。随着产品步入成熟期，为开拓新市场，差异性策略成为优选，以满足多元化需求。至衰退期，则倾向于集中性策略，集中于少数盈利性细分市场，以最大化利用资源。

（3）市场竞争态势分析。市场竞争格局深刻影响着策略选择。面对弱势对手，企业可考虑采用差异性策略以扩大市场份额。同时，应避免与竞争对手策略雷同，以防激化竞争态势，造成双输局面。需灵活应对市场集中与分散、对手强弱变化，制定差异化竞争策略。

（4）企业资源条件评估是决定策略的关键。资源充裕时，企业可灵活采用差异性或无差异营销策略以拓宽市场。反之，资源有限时，集中性营销策略成为必然之选，通过集中优势资源于特定细分市场，实现局部市场的领先地位。

（五）市场定位

1. 市场定位概念

市场定位是一种战略性的营销手段，其核心在于深入分析竞争对手的产品在市场中的现有位置，以及消费者对产品特定特征或属性的偏好程度。在此基础上，企业致力于创造并强化自身产品独一无二的品牌形象与个性特征，这些特征需鲜明且令人难忘。随后，通过精心设计的营销组合策略，企业将这些独特的价值主张生动地传达给目标顾客群体，旨在深刻影响并塑造顾客对其产品的整体认知与偏好。

简而言之，市场定位旨在解答一个核心问题：在目标市场中，顾客为何会选择我们的产品或服务而非竞争对手的？这要求企业明确阐述其产品或服务相对于竞品的独特价值所在，即顾客所感知到的差异化优势，从而吸引并留住顾客，赢得市场份额。

2. 市场定位任务

为获得竞争优势而进行的市场定位主要包括以下任务：首先，明确企业可以从哪些方面寻求差异化；其次，找到企业产品独特的卖点；最后，开发总体定位战略，即明确产品的价值主张。

3. 市场定位方式

市场定位作为一种竞争策略，深刻揭示了产品或企业在市场中的相对位置及其与同类竞争者的关系。不同的定位方式直接塑造了各异的竞争态势，以下是对于三种核心市场定位方式的解析。

（1）避强定位。该方法强调策略性规避与市场中实力雄厚的领导者或强势竞争者的直接对抗。企业选择将自身产品置于未被强势对手充分覆盖的市场细分领域，通过差异化特征或属性来凸显产品优势，从而在相对较弱或未被充分竞争的对手面前建立起显著的市场辨识度。

（2）迎头定位。该方法要求企业凭借自身强大的综合实力，主动挑战并直面竞争市场上的主导者或实力强劲的对手，力求在同一市场位置上与这些巨头并驾齐驱。此策略不仅考验企业的市场洞察与执行力，更需具备足够的勇气与资源来支撑高强度的市场竞争。

（3）重新定位。针对市场表现不佳、销售疲软的产品，企业采取二次定位策略，旨在通过重新审视市场需求、竞争态势及自身资源，对产品进行战略性调整，以焕发新的市场活力与增长潜力。这一过程往往伴随着品牌形象的重塑、目标市场的重新界定以及营销组合的优化升级。

在制定具体定位方案时，企业需综合考虑多方面因素，包括但不限于企业自身资源状况、竞争对手可能的反应以及目标市场需求特征等。通过深入分析这些因素，企业能够更加精准地把握市场脉搏，制定出既符合自身实际又具备前瞻性的市场定位策略。

二、企业开办实务

（一）企业办理工商注册登记

进行工商注册登记是企业正式确立的法律程序。任何企业只有进行工商注册登记之后，才能正式挂牌开展生产经营活动，成为名副其实的企业。企业办理工商注册登记前必须掌握企业注册登记的基本知识，包括如何办理企业名称登记、特殊行业许可证、高新技术企业认证、注册资本验资、企业注册地点的选择以及具体的工商注册登记流程等相关信息。

1. 企业登记注册的基本知识

以取得"××市智领未来科技有限公司"企业法人营业执照为例，分析企业登记注册的基本知识。

新创立的企业在取得"企业法人营业执照"后，才能正常进行生产经营活动，否则，就被视为违法行为。因此，为了取得"企业法人营业执照"，新创立的企业必须掌握以下相关知识，如企业名称、企业法定代表人、企业的经营范围、注册资本、公司章程、营业执照等概念。

（1）企业名称命名。企业名称即企业的名字或字号，是企业区别于其他企业或其他社会组织、被社会识别的标志。如案例中"××市智领未来科技有限公司"的名称结构如下：行政区划＋字号＋行业特点＋组织形式。

（2）法人、企业法人及法定代表人。法人是指具有民事权利能力和民事行为能力，依法独立享有民事权利和承担民事义务的组织。根据我国法律的规定，法人必须具备以下条件：①依法成立；②有必要的财产或者经费；③有自己的名称、组织机构和场所；④能够独立承担民事责任。日常接触的法人主要包括企业法人、事业法人、机关法人等。

企业法人，作为拥有国家认可独立财产的经济组织，需配备完善的组织机构、组织章程及固定经营场所，并能独立承担民事责任，全面享有民事权利并履行相应义务。企业法人制度的建立，其赋予了符合条件的企业独立的民事主体身份，使其能够自主决策、自负盈亏，成为市场经济中充满活力的商品生产者与经营者。这一制度确保了企业在法律层面上拥有与自然人相似的独立人格，享有完整的权利能力与行为能力，为其在市场中的自由竞争与健康发展奠定了坚实基础。

法定代表人，作为法人组织的核心代表，负责代表法人对外行使各项职权。这一职位可由企业的厂长、经理、董事长或理事长等高层管理人员担任，具体人选依据企业实际情况与治理结构而定。法定代表人的权力，源于法人的明确授权，在合法授权范围内，法人对法定代表人的所有正当行为承担民事责任。若法定代表人的行为超越授权界限，法人则无须再为其越权行为承担法律责任，这体现了法律对企业法人及其代表行为界限的清晰界定与保护。

（3）企业法人的住所与经营场所。企业法人的住所，是其核心管理机构所在地，是企业日常运营与决策的中心，也是法律文书的送达地址，承载着重要的法律意义。而经营场所，则是企业实际开展生产经营活动的具体地点。尽管两者在法律定义上有所区分，但在实际操作中，出于管理与效率的考量，企业法人的住所与经营场所往往重合。

（4）经营范围。经营范围界定了企业法人合法从事的商品生产、服务提供的范畴，是界定企业业务边界的法律标尺，它直接反映了企业的业务内容与经营方向，是企业民事权利与行为能力的核心体现，也是国家监管企业经营活动的重要依据。经核准登记的经营范围，赋予企业在该领域内享有相应的权利，并要求企业遵守不越界经营的原则。任何超越经营范围的行为，都将面临法律制裁，丧失法律保护，因此，经营范围的明确与遵守，是企业合法经营的基础。

（5）注册资本与实收资本。注册资本，是公司注册登记的关键要素，是投资者承诺并投入企业的资本总额，体现了企业的初始资本实力与市场信任度。它以货币形式表现，包括流动资金、固定资产及无形资产等。而实收资本则是这些承诺资本中已实际到位并经登记机关确认的部分，反映了企业当前实际的资本构成。注册资本与实收资本的差异，反映了企业资本到位的过程与现状，两者共同构成了企业资本结构的完整图景，对于评估企业实力、保障债权人权益具有重要意义。

（6）营业执照。营业执照是由工商行政管理机关颁发的正式文件，它赋予工商企业、个体工商户合法开展特定生产经营活动的权利。该证件的格式严格遵循国家市场监督管理总局的统一标准，详尽记录了企业名称、注册地址、负责人信息、成立日期、经营性质、业务范围及经营方式等关键信息。未持有有效营业执照的实体，不仅禁止开业，还无权刻制公章、签署合同、申请商标注册或发布广告，同时银行也将拒绝为其开设账户。随着数字化进程的推进，"电子执照"应运而生，作为营业执照的网络版副本，它基于数字证书技术，经权威认证机构认证后由工商行政管理部门核发。电子执照不仅便于企业在线办理各类工商事务，如名称查询、注册登记、信用查询、年检申报等，还促进了与税务、质监等部门的信息共享，支持在线报税、报关、采购及竞标等多元化服务，极大提升了企业运营效率。

（7）企业年报制度。企业年报是市场监督管理局实施的一项年度检查机制，旨在确认企业持续经营的合法性与合规性。现行制度已转型为企业年度报告公示制度，要求企业在每年指定的时间段内，通过市场主体信用信息公示系统提交年度报告，并向社会公众公开披露。这一过程不仅涵盖了企业登记事项的变更情况、股东出资状况、对外投资动态、分支机构设立详情及生产经营概况等核心信息，还实现了信息的透明化与可查询性，任何个人或单位均可轻松访问。这一制度的实施，有效地强化了企业的自律意识，促进了市场公平竞争，同时也为政府监管提供了有力支持，保障了市场的健康稳定发展。

（8）公司章程。公司章程，作为公司组织与运营的宪章性文件，不仅是企业自治的核心规范，也是国家监管企业的重要法律依据。其重要性体现在多个方面。

①公司章程是公司设立的先决条件与关键文档。依据我国《公司法》的明确规定，公司章程的设立是公司成立的必备步骤之一，它标志着公司设立程序的正式启动，并伴随设立登记的完成而宣告企业法律实体的正式成立。审批与登记机关将严格审查公司章程内容，以此作为决定是否予以批准或登记的重要依据。缺乏公司章程，企业将无法获得合法身份，无法进入市场的大门。

②公司章程是界定公司权利义务关系的基本法律框架。一旦公司章程获得审批机关认可并经登记机关核准，即具有法律效力，成为公司行使权利、履行义务的法定依据。公司所有行为均需遵循章程规定，符合章程的行为将受到国家法律的保护，而任何违反章程的

行为，都将面临相关监管机构的干预与处罚，从而确保公司运营的规范性与合法性。

③公司章程是公司对外交往的信誉凭证与合作基础。公司章程详尽阐述了公司的组织架构、运营原则、经营目标、财务状况及权利义务关系等核心要素，为投资者、债权人及第三方合作伙伴提供了全面、透明的资信参考。基于公司章程建立的经济交往，不仅为各方提供了稳定的合作预期，也为交易安全提供了坚实的法律保障，任何遵循章程原则与公司进行的经济活动，都将依法受到全面保护。

2. 办理企业名称登记

（1）企业名称预先核准应由全体股东指定的代表或者共同委托的代理人，向公司登记机关提交申请进行公司名称的预先核准。

（2）企业名称预先核准的目的是保证企业名称的唯一性，即在同一经营范围内，企业名称不得相近或相同。

3. 办理专项审批

创业企业的经营范围中若涉及行政法规规定的限制类项目，在办理企业登记之前，必须依法经过批准取得相应的专项审批（前置审批或后置审批）作为企业登记的条件，如生产食品卫生许可证、音像制品经营许可证、网站经营许可证、民办学校办学许可证等。例如，"××市智领未来科技有限公司"若要取得通信产品生产许可证，必须先通过"××市经济和信息化管理委员会"的行业审批，符合相关规定后才能获得通信产品生产许可证。

（二）企业刻制印章

印章是公司权力和信用的证明，在公司的对内和对外活动中，印章发挥着不可或缺作用。因此，公司一旦成立就必须要有印章。印章是对于公章、财务章、税务章（发票专用章）、合同章、法人代表章以及银行预留印鉴等的统称。

1. 公章

公章是企业的官方印章，具有最高的行政效力。它通常仅刻有单位名称，用于企业对外发布正式信函、文件、报告等，一经盖章，即表示该文件具备法律效力，代表企业的官方立场和承诺。值得注意的是，公章的刻制需通过公安部门备案，以确保其合法性与唯一性。在特定情况下，如企业未配备合同专用章，公章也可临时用于合同签署。

2. 财务章

财务章专注于企业的财务结算事务，如开具收据、发票（除非另有发票专用章）等，同时也是银行预留印鉴的必备组成部分。盖上财务章的文件，即表明企业愿意承担相应的财务责任并享受相关财务权益。财务章通常由专业的财务人员如财务主管或出纳保管，其刻制同样需经公安部门备案，以确保财务活动的严肃性与规范性。

3. 税务章（发票专用章）

税务章特指用于增值税专用发票上的销货单位印章，其上刻有公司税务登记证上的税号信息。该章在税务申报与发票开具过程中具有关键作用，其刻制需通过当地税务部门备案，以确保税务活动的合法合规。

4. 合同章

合同章专门用于企业签订各类合同文件，根据企业需求，合同章可分为中文或英文版本，形状可为圆形或椭圆形。合同章的刻制也需通过公安部门备案，以确认其合法地位。使用合同章签署的合同，是企业之间法律约束关系的直接体现。

5. 法人代表章

法人代表章即法定代表人的个人签名章，用于代替法定代表人的手写签名，以简化文件签署流程。与公章、财务章等不同，法人代表章的刻制通常无须备案，但其使用仍需遵循相关法律法规及企业内部规定。

6. 银行预留印鉴

银行预留印鉴特指企业在银行预留的印章组合，主要用于办理银行收付款业务。一般而言，银行预留印鉴由财务章与法人代表章组成，作为银行验证企业身份及授权的重要依据。没有预留印鉴或印鉴与企业身份不符，银行将拒绝办理相关付款业务，以保障资金安全与企业权益。

（三）开设银行账户及进行税务登记

企业通过银行办理转账结算的先决条件是必须先到银行开立账户，并办理开户许可证。

1. 银行账户及其种类

（1）银行账户是各单位为办理结算和申请贷款而在银行开立的户头，也是单位委托银行办理信贷和转账结算及现金收付业务的工具，它具有监督和反映国民经济各部门、各单位经济活动的作用。

（2）根据《银行账户管理办法》，银行账户分为基本存款账户、一般存款账户、临时存款账户和专用存款账户，上述各类账户均有不同的设置和开户条件。

2. 税务登记

税务登记是纳税人履行法定义务的重要环节，既是税收管理体系的基础，也是构建公平、透明税收环境的关键。它要求纳税单位和个人必须按照税法的规定，及时、准确地向税务机关申报其生产经营活动情况，以确保税收的应收尽收，并保障纳税人的合法权益。在"放管服"改革不断深化的背景下，税务登记及企业开办流程正经历着前所未有的变革，这些变革旨在通过简政放权、优化服务、强化监管等措施，为企业创造更加便捷、高效的营商环境。

"一网通办"的全面推广，正是这一改革趋势的生动体现。它打破了传统政务服务的地域限制和信息壁垒，实现了企业开办全链条事项的线上集成办理。从企业登记到公章刻制，再到申领发票、员工参保登记等一系列烦琐的手续，如今只需一次身份验证，即可在线上一表填报完成，极大地提高了办事效率，降低了企业成本。这种线上线下深度融合的服务模式，不仅为创业者带来了前所未有的便利，也激发了市场活力和社会创造力。

对于充满朝气和时代担当的大学生而言，创新创业的征途虽充满挑战，但正是这些未知与困难，铸就了通往成功的必经之路。在国家政策的鼓励和支持下，大学生作为最具活力和创新能力的群体，应当勇立潮头，敢于担当，积极投身创新创业实践。正如古人所言："长风破浪会有时，直挂云帆济沧海。"只要坚定信念，勇往直前，就一定能在创新创业的道路上书写属于自己的辉煌篇章。

因此，我们应当珍惜当前良好的创新创业环境，积极学习税收法律法规，掌握税务登记等必要知识，为未来的创业之路打下坚实基础。同时，也要敢于面对挑战，勇于创新实践，不断积累经验，提升自我，努力成为推动经济社会发展的重要力量。

参考文献

[1] 程如平. 大学生职业发展与就业指导［M］. 4 版. 厦门：厦门大学出版社，2023.

[2] 宋林. 大学生职业发展与就业指导［M］. 北京：电子工业出版社，2023.

[3] 赵放辉，王晓琼，窦雅琴. 高职职业发展与就业指导教程［M］. 东营：中国石油大学出版社，2023.

[4] 郭天平，赵柏森，郑晓. 职业发展与就业指导配行动手册［M］. 北京：高等教育出版社，2023.

[5] 王光涛. 大学生职业发展与就业指导［M］. 成都：四川大学出版社，2023.

[6] 杨德祥. 大学生职业发展与就业创业指导［M］. 西安：西安交通大学出版社，2023.

[7] 郝玉红. 大学生职业发展与就业指导［M］. 郑州：河南大学出版社，2023.

[8] 盛立军，刘春博，李娜. 大学生职业发展与就业指导［M］. 北京：北京理工大学出版社，2023.

[9] 邰葆清. 大学生职业发展与就业指导［M］. 2 版. 北京：中国铁道出版社，2023.

[10] 吕中东. 高职生职业发展与就业指导［M］. 郑州：黄河水利出版社，2023.

[11] 丁锴，吴成炎，王钰岚. 大学生职业发展与就业指导［M］. 苏州：苏州大学出版社，2023.

[12] 曲忠生，韩晓黎. 职业发展与就业创业指导［M］. 北京：中国铁道出版社，2023.

[13] 方俊良，韦伟松，涂三广. 职业发展与就业创业指导［M］. 广州：广东教育出版社，2023.

[14] 钟映荷，麦金兰，顾艳梅. 大学生职业发展与就业力提升［M］. 长春：吉林大学出版社，2023.

[15] 刘锐，王雅赟，李妍. 职业生涯发展与就业指导慕课版［M］. 北京：人民邮电出版社，2023.

[16] 张玉萍，李楠. 大学生职业发展与就业指导［M］. 北京：化学工业出版社，2022.

[17] 张义俊. 大学生职业发展与就业指导［M］. 北京：人民邮电出版社，2022.

[18] 牛彦飞，郭会灿，郝建. 大学生职业发展与就业指导［M］. 北京：电子工业出版社，2022.

[19] 高富春，张文秀，林海春. 大学生职业发展与就业指导［M］. 北京：北京工业大学出版社，2022.

［20］由建勋. 大学生职业发展与就业指导［M］. 2 版. 北京：高等教育出版社，2022.

［21］杨珺. 大学生职业发展与就业指导［M］. 天津：天津科学技术出版社，2022.

［22］崔凤华，郭艳红，高峰. 大学生职业发展与就业指导［M］. 成都：西南交通大学出版社，2022.

［23］王丽萍. 大学生职业发展与就业指导［M］. 上海：上海交通大学出版社，2022.

［24］杨建，赵传刚. 新时代大学生职业发展与就业创业指导教程［M］. 成都：电子科技大学出版社，2022.

［25］杨丽敏. 高职生职业发展与就业指导［M］. 2 版. 长沙：湖南大学出版社，2022.

［26］赵驰轩，杨频. 职业发展与就业创业指导［M］. 北京：人民邮电出版社，2022.

［27］柯晓扬，石家驹，丁建华. 大学生职业发展与就业指导［M］. 苏州：苏州大学出版社，2021.

［28］吴鹰，张子睿，王慧秋. 高职学生职业发展与就业指导［M］. 北京：北京理工大学出版社，2021.

［29］胡象斌，龚菊明. 大学生职业发展与就业指导［M］. 武汉：湖北科学技术出版社，2021.

［30］毕结礼. 职业发展与就业指导［M］. 北京：机械工业出版社，2021.

［31］王瑛. 职业发展与就业指导［M］. 大连：大连理工大学出版社，2021.

［32］陆竹棠，周瑶. 职业发展与就业指导［M］. 郑州：河南大学出版社，2021.

［33］冯志华. 职业发展与就业指导［M］. 西安：西安电子科技大学出版社，2021.

［34］魏冲. 大学生职业发展与就业指导［M］. 济南：山东人民出版社，2021.

［35］蒲波，王曦，张璐. 大学生职业发展与就业指导［M］. 北京：高等教育出版社，2021.